ସାଧା

ଓ ଅନ୍ୟାନ୍ୟ କବିତା

କବିତା ସଂକଳନ

ବିକେଶ ସାହୁ

STORYMIRROR
Stories that reflect you

Copyright © 2022 **Bikesh Sahu**

This is a work of poetry. The author asserts his moral right to be identified as the owner of his intellectual property.

All Rights Reserved

Bapa o Anyany Kabita
First Edition : November 2022
Printed in India

Typeset in Kalinga

ISBN : 978-93-95374-79-8

Book Layout by : StoryMirror

STORYMIRROR
Stories that reflect you

Publisher:	StoryMirror Infotech Pvt. Ltd.
	7th Floor, El Tara Building, Behind Delphi Building,
	Hiranandani Gardens, Powai, Mumbai,
	Maharashtra - 400076, India.
Web:	https://storymirror.com
Facebook:	https://facebook.com/storymirror
Twitter:	https://twitter.com/story_mirror
Instagram:	https://instagram.com/storymirror
Email:	marketing@storymirror.com

No part of this publication may be reproduced, be lent, hired out, transmitted or stored in a retrieval system, in form or by any means, electronic, mechanical, photocopying, recording or otherwise, without the prior permission of the publisher. Publisher holds the rights for any format of distribution.

ବାପାଙ୍କୁ

ଯିଏ ମୋର ଜୀବନରେ, ମୋର ଶରୀର
ପ୍ରତି ଅଣୁରେ, ମୋର କବିତାରେ, ମୋର
ଶବ୍ଦରେ, ମୋର ଆପଣାର କ୍ଷୁଦ୍ର ପୃଥିବୀରେ
ଆଶୀର୍ବାଦ ମୁଦ୍ରାରେ

ଏବଂ

ପୃଥିବୀର ସମସ୍ତ ବାପାମାନଙ୍କ
ଚିରବନ୍ଦନୀୟ ପାଦରେ
ସମର୍ପିତ ।

- ବିକେଶ

ତୁମେ ତ ମୋ କଳ୍ପନାର
ସର୍ବୋଚ୍ଚ ପାହାଚ
ତୁମ ଠାରୁ ତ ମୁଁ ଶିଖିଛି
ବଞ୍ଚିବାର ପ୍ରତି ବୀଜ ମନ୍ତ୍ର
ଜୀଇଁବାର ପ୍ରତିଟି ପନ୍ଥା
ତୁମେ ଅଛ ବୋଲି ତ ମୁଁ ଆଜି ଅଛି

ଅଛି ଏଇ ଦୁନିଆରେ
ମୋର ପରିଚୟ ।

କହି ପାରିନାହିଁ ||||||||||||||||||||||

କିଛି କହିବିନି ବୋଲି ମନସ୍ଥ କରିସାରିଥିଲି। କହିଥିଲେ ଅବା କ'ଣ କହିଥାନ୍ତି, ଯାହା ମୁଁ ଅନୁଭବ କରୁଛି ସେସବୁକୁ ଯେ ଭାଷା ଦେଇ ପ୍ରକାଶ କରିପାରିବି ସେ ବିଶ୍ୱାସ ମୋର ନାହିଁ। ତଥାପି ସାହସ ବାନ୍ଧିଲି କିଛି କହିବାକୁ, କିନ୍ତୁ କିଛି କହିପାରିନି। ଅବଶ୍ୟ ଏ ଅପାରଗତା ମୋ କ୍ଷେତ୍ରରେ ନୂଆ ନୁହେଁ।

ପ୍ରଥମତଃ ମୁଁ ସ୍ୱୀକାର କରେ ଯେ, ଏହି ସଂକଳନସ୍ଥ କବିତା ସବୁକୁ କବିତା କୁହାଯାଇ ନପାରେ। ମୋତେ ଯାହା ଲାଗେ ଏସବୁ ମୁଁ ଅନୁଭବୀ ଥିବା ମୋର ଆବେଗ। ପିଲାବେଳୁ ହିଁ ମୁଁ ବାପାଙ୍କୁ ଖୁବ୍ ପାଖରୁ ଦେଖିଆସିଛି। ତାଙ୍କ କାନ୍ଧ ଉପରେ ବସି ଦୁନିଆ ଦେଖିଛି, ତାଙ୍କ ହାତ ଧରି ଚାଲିବା ଶିଖିଛି। ବାପାଙ୍କ କର୍ମମୟ ଜୀବନ, ବ୍ୟସ୍ତତା ଓ କର୍ତ୍ତବ୍ୟମାନଙ୍କ ସହ ମୋର ନିକଟରୁ ପରିଚୟ ହୋଇଛି। ବାପା ସବୁଦିନ ଭୋର୍ ସକାଳୁ କାମକୁ ଯା'ନ୍ତି। ମାଟି-ପଥର ସହ ନିଇତି ତାଙ୍କ ବନ୍ଧୁତ୍ୱ। ଖରା-ବର୍ଷା-ଶୀତକୁ ଖାତିର ନ କରି ବାପା ଆମ ପାଇଁ ଇନ୍ଧନ ହୋଇ ଜଳିବାର ପ୍ରତ୍ୟକ୍ଷ ଦ୍ରଷ୍ଟା ମୁଁ। ଆଜି ଯାଏଁ ତାଙ୍କୁ କେବେ ମୁଁ ଆଶ୍ୱାସନା ଦେଲା ଭଳି କିଛି ଶବ୍ଦ କହିପାରିନି, କି ତାଙ୍କୁ ଖୁସି ଦେଲା ଭଳି କିଛି ବସ୍ତୁ ଦେଇପାରିନି। ହେଲେ ସେ ନିଜକୁ ନିଃଶେଷ କରିଦେଇଛନ୍ତି ମୋ ପାଇଁ, ମୋର ଭବିଷ୍ୟତ ପାଇଁ, ସେସବୁ ନିଃଶେଷ କରିବାର ସମୟ ସବୁର ଆବେଗ ହିଁ ମୋର ଏସବୁ କବିତା।

ଆଜି ବାପାଙ୍କୁ ନେଇ ପରିକଳ୍ପିତ ମୋର ଆବେଗମାନେ ପୁସ୍ତକ ଭାବେ ଆଲୋକ ଦେଖିବେ। ଅବଶ୍ୟ ଏହି ସଂକଳନରେ ସ୍ଥାନିତ ଅନେକ କବିତା ବିଭିନ୍ନ ସମୟରେ ଓଡ଼ିଶାର ପ୍ରଖ୍ୟାତ ପତ୍ରପତ୍ରିକାରେ ପ୍ରକାଶିତ ହୋଇସାରିଛି। ତଥାପି ଏହା ସଂକଳନ ଭାବେ ପ୍ରକାଶିତ ହେବା ମୋ ପାଇଁ ଏକ ନିଆରା ଆତ୍ମତୃପ୍ତି।

ଶେଷରେ ପୁସ୍ତକ ପ୍ରକାଶନର ଦାୟିତ୍ୱ ଗ୍ରହଣ କରିଥିବାରୁ ବିଭୁଦତ୍ତ ରାଉତ ମହୋଦୟ ଓ ପଲ୍ଲବିନୀ ଆଚାର୍ଯ୍ୟ ମହୋଦୟାଙ୍କୁ ହୃଦୟରୁ କୃତଜ୍ଞତା ଜ୍ଞାପନ କରିବା ସହ ସୁହୃଦ ପାଠକପାଠିକାଙ୍କୁ ଧନ୍ୟବାଦ ଜଣାଉଛି। ଏହା ବ୍ୟତୀତ ମୋତେ ସବୁବେଳେ ଲେଖାଲେଖି ପ୍ରତି ପ୍ରେରଣା ଦେଇ ଆସିଥିବା ମୋର ଗୁରୁଜନ, ପରିବାର ବର୍ଗ ଓ ବନ୍ଧୁବାନ୍ଧବୀମାନଙ୍କୁ ହୃଦୟରୁ ଅଭିବାଦନ ଜଣାଉଛି।

ବିକେଶ ସାହୁ

ସୂଚୀପତ୍ର

ଯୁଦ୍ଧ ଓ ଅନ୍ୟାନ୍ୟ କବିତା

- ବାପାଙ୍କୁ ନେଇ ତିନୋଟି କବିତା :: ୯
- ବାପାଙ୍କ ଚପଲ :: ୧୭
- ବାପାଙ୍କ ହାତଘଣ୍ଟା :: ୧୯
- ବାପାଙ୍କ ପାଦ :: ୨୧
- ବାପାଙ୍କ କାମିଜ :: ୨୩
- ବାପାଙ୍କ ଗାମୁଛା :: ୨୬
- ବାପାଙ୍କ ଛାତି :: ୨୮
- ବାପାଙ୍କ ହାତ :: ୩୦
- ବାପା, ମୁଁ ବଡ଼ ହୋଇଯାଇଛି :: ୩୨
- ଶୀତ ଆଉ ବାପା :: ୩୪
- ଲଣ୍ଠନ ଓ ବୋଉ :: ୩୬
- ଯୁଦ୍ଧ :: ୩୮
- ରାତି :: ୪୦
- ମାଟି କାନ୍ଥ :: ୪୨
- ଲକଡ଼ାଉନ୍ :: ୪୫
- ନ୍ୟାୟ :: ୪୭
- ଲଣ୍ଠନ :: ୫୦
- ଅନ୍ୟ ଏକ ମୃତ୍ୟୁ :: ୫୨
- ସେ ଲଢ଼େ :: ୫୪
- ମୁକ୍ତି :: ୫୬
- ଦାଗ :: ୫୮
- ଅଭିଶପ୍ତ :: ୬୧
- ଆଉ ଗୋଟେ ପୃଥିବୀ :: ୬୩

କବିତା କ୍ରମ

- ତୋତେ ଫେରିବାକୁ ହେବ :: ୬୫
- ବତୁରା ସ୍ୱପ୍ନ :: ୬୭
- ସ୍ୱପ୍ନ ସବୁ ମାଟି ହେବା ପରେ :: ୬୯
- ମୁଁ ମରିଗଲା ପରେ :: ୭୧
- ମୁଖା :: ୭୩
- ଜେଜୀ :: ୭୫
- ମୁଁ ରକ୍ତ ବିକେ :: ୭୭
- ନିଜ ସହ ସାମ୍ନା :: ୭୯
- ଦଂଶନ :: ୮୧
- ପୁନରପି ଦଂଶନ :: ୮୩
- ହିସାବ :: ୮୫
- ବିକଳାଙ୍ଗ :: ୮୭
- ମୋହମୁକ୍ତି :: ୮୯
- ସେତେବେଳକୁ :: ୯୧
- ଆତ୍ମଦାହ :: ୯୩
- କାନଭାସରେ ଜୀବନ :: ୯୫
- ମଗ୍ନମାଟି :: ୯୭

ବାପାଙ୍କୁ ନେଇ ତିନୋଟି କବିତା

୧

ବାପା, ଆଉ କେତେଦିନ ଲୁଚେଇବ
ମିଛ ହସର ଚଦର ଘୋଡ଼େଇ
ତୁମ ଛାତି ତଳ ଯନ୍ତ୍ରଣା ସବୁକୁ,

ଆଉ କେତେଦିନ
ଆଖି ଲୁହକୁ ପାଟିରେ ପିଇ
ଚିନ୍ତା ଆଉ ଦୁଃଚିନ୍ତାର ପାହାଡ଼ ମୁଣ୍ଡେଇ
ଅଜ୍ଞାତବାସରେ ଫୋପାଡୁ ଥିବ
ତୁମ ଆୟୁଷ ସବୁ ।

ସତରେ ବାପା
ତୁମେ ଲୁଚେଇ ବି ଲୁଚେଇ ଜାଣନା
ତୁମ ଦୁଃଖ ସବୁକୁ ।

ତୁମେ ସିନା ମିଛ କୁହ !

ହେଲେ ରାତି ରାତି ଧରି ବିନିଦ୍ର ହେଇଥିବା
ସେ ନିରୀହ, ନିସ୍ତେଜ ଆଖି ଦୁଇ
ଗୋଟି ଗୋଟି କରି କହିଦିଏ ତୁମ ଦୁଃଖ ସବୁ ।

ତଥାପି,
କେବେ ତ ଏଡ଼େଇ ଦେଇନ ତୁମେ
ମୋ ବରାଦ ସବୁ,

ବରଂ, ମୋତେ ନୂଆ ପିନ୍ଧେଇବା ପାଇଁ
ମୋ ଛିଣ୍ଡା କାମିଜରେ ଆବୃତ କରିଛ ନିଜକୁ,
ମୋତେ ଛାଇ ଦେବା ପାଇଁ
ନିଜ ପାଇଁ ଆଦରି ନେଇଛ ଖରାକୁ,
ମୋ ମୁହଁରେ ଦି'ଓଲି ଦି'ମୁଠା ଆହାର ଦେବା ପାଇଁ
ଭୋକ ସହ ବନ୍ଧୁ କରିଛ ନିଜକୁ,
ପୁଣି, ମୋ ଆଖିରେ ଟିକେ ଶାନ୍ତିର ନିଦ ଦେବା ପାଇଁ
ମାରି ଦେଇଛ ନିଜ ଆଖିର ନିଦକୁ,

ତେବେ କୁହ ବାପା
ଏତେ କଷ୍ଟ କେମିତି ତୁମେ
ଦେଇପାର ନିଜକୁ ।

ଯେତେଥର ତୁମ ପାଦ ଛୁଇଁଛି ମୁଁ
ମୋ ମୁଣ୍ଡରେ ହାତ ରଖି
ତୁମେ କୁହ ନା
ଈଶ୍ୱର ତୋର ମଙ୍ଗଳ କରନ୍ତୁ !

ହେଲେ ମୁଁ ଚାହେଁ ନା
ସେ ଅଦୃଷ୍ଟ ଈଶ୍ୱରଙ୍କ କୃପା ବିନ୍ଦୁ,
କାହିଁକି ଜାଣ
ମୁଁ ନ ମାଗିବା ପୂର୍ବରୁ ହିଁ ତ
ମୋତେ ତୁମେ ଯାଚିଦେଇଛ
ମୋ ଈପ୍ସିତ ବରସବୁ ।

ତେବେ କୁହ ତ ବାପା !
ତୁମେ କ'ଣ ମୋ ପାଇଁ କୋଉ କମ୍ କି
ସେଇ ଚିରାଚରିତ ଈଶ୍ୱରଙ୍କଠୁ ।

୨

ତୁମେ ଅଛ ବୋଲି
ଆଜି ଗର୍ବରେ ଚାଲିପାରୁଛି ବାଟ
ମୁଣ୍ଡ ଟେକି ଦେଇପାରୁଛି
ମୋ ନିଜ ପରିଚୟ ।

ତୁମେ ତ ମୋ ଦମ୍ଭ
ମୋ ଅମାପ ଶକ୍ତି ଆଉ ବଳ
ତୁମେ ହିଁ ମୋ ସାହସ
ତୁମେ ଥିଲେ
କାହାକୁ ବା ଡର ।

ତୁମେ ଅଛ ବୋଲି
ତ ମୁଁ ଅଛି
ଅଛି ବାପା ମୋହରି ଅସ୍ତିତ୍ୱ
ମୁଁ ତ ତୁମରି ଅଂଶ
ତୁମ ଠାରୁ ତ ମୋର ସୃଷ୍ଟି

ମୁଁ ତ ତୁମ କଣିକାଟେ ମାତ୍ର ।

ଆସୁ ଯେତେ ଦୁଃଖ
ଅମାପ ଯନ୍ତ୍ରଣା ଦୁର୍ବିସହ
ତୁମେ ତ ମୋ ସୁରକ୍ଷାର କାନ୍ଥ
ନିଜେ ସବୁ ସହିଯାଅ
ଆଉ ମୋ ପାଇଁ
ତ ତୋଳି ଦିଅ
ସୁରକ୍ଷାର ଅଭେଦ୍ୟ ବଳୟ ।

ତୁମେ ଥିଲେ ବାପା
ଅଛି ମୋର ସବୁ କିଛି
ଯେତେ ଦୁଃଖ ସବୁ ଉଭେଇ ଯାଏ
ନିମିଶେ ପଳାୟନପନ୍ଥୀ ସାଜନ୍ତି
ମୋ ମନର ଯେତେ ସବୁ ଭୟ
ତୁମ ହାତ ଯେବେ
ଛୁଏଁ ମୋ ମସ୍ତକ
ଖେଳି ଯାଏ ମନେ ମୋର
ଶକତି ଅମାପ ।

ତୁମେ ତ ମୋ କଳ୍ପନାର
ସର୍ବୋଚ୍ଚ ପାହାଚ
ତୁମ ଠାରୁ ତ ମୁଁ ଶିଖିଛି
ବଞ୍ଚିବାର ପ୍ରତି ବୀଜମନ୍ତ୍ର
ଜୀଇଁବାର ପ୍ରତିଟି ପନ୍ଥା
ତୁମେ ଅଛ ବୋଲି ତ ମୁଁ ଆଜି ଅଛି

ଅଛି ଏଇ ଦୁନିଆରେ
ମୋର ପରିଚୟ ।

ବାପା, ଲୋଡ଼ିବି ବା ଆଉ କ'ଣ
ସବୁ ତ ମୋ ପାଖରେ ଅଛି
ସ୍ନେହ ଅଛି ପ୍ରେମ ଅଛି
ଅଛି ତ ସ୍ୱର୍ଗର ତାରକା ଆଉ ଶଶୀ
ଅଛି ତ ମୋ ପାଖରେ
ଦୁନିଆର ସବୁ କିଛି

କାହିଁକି ନା ବାପା
ମୋ ସାଥିରେ ତୁମେ ଅଛ

ଦୁନିଆରେ ତୁମଠୁ କି ଅଛି କିଛି
ଅମୂଲ୍ୟ ସମ୍ପତ୍ତି !

୩

କିଏ କହେ ତୁମ ହୃଦୟ
ପଥରରେ ଗଢା ।

ଦୁଃଖ ତୁମକୁ ସ୍ପର୍ଶ କରିପାରେନା'
ଲୁହ ତୁମ ଆଖି କି ଛୁଏଁନା'
ଭୋକ ତୁମକୁ ହୁଏନା' ।

ତୁମେ ସ୍ଥାଣୁ-ହୃଦୟହୀନ
ମୈତ୍ରୀ-କରୁଣାଶୂନ୍ୟ
ଅବୟବଟିଏ ମାତ୍ର ।

କିଏ କହେ ତୁମେ କାନ୍ଦନା
କି କେବେ କାନ୍ଦି ଜାଣନା
ମାଟି ସହ ଲଢି ଲଢି
ତୁମେ ବି ମାଟି ପାଲଟି ଯାଇଛ
ପଥର ସହ ଖେଳି ଖେଳି
ନିଜକୁ ତୁମେ
ପଥର ସଜେଇ ଦେଇଛ ।

ହେଲେ ସତ କୁହ
ତୁମେ କ'ଣ ସେମିତି ?

ମୋ ଜାଣିବାରେ ତ
ତୁମେ ସେମିତି ନୁହଁ !

ମୁଁ କ'ଣ ଦେଖିନି ତୁମ କାନ୍ଦ
ସମସ୍ତେ ଶୋଇଗଲା ପରେ
ମୁଣ୍ଡରେ ହାତ ଦେଇ
ସେଇ ରାତି ରାତିର ବିନିଦ୍ରତା
ଆଉ ଦୀର୍ଘଶ୍ୱାସ ଭରା ଅନୁତାପ

ସବୁ ଦୁଃଖକୁ ହୃଦୟରେ ଚାପି
ନିଜକୁ ସାହସୀ କରି
ଦେଖେଇ ହେବାର
ଶତ ପ୍ରଚେଷ୍ଟା ସତ୍ତ୍ୱେ
ତୁମ ମୁହଁରେ ଅନ୍ତହୀନ ବିଷଣ୍ଣତା ।

ସତରେ ବାପା
ତୁମେ ଯେମିତି ଦେଖାଯାଅ
ତୁମେ ତ ଠିକ୍ ସେମିତି ନୁହଁ ।

ମୋ ଜାଣିବାରେ ତୁମେ
ଦୁଃଖ, ଯନ୍ତ୍ରଣା ଆଉ ଅନୁତାପ ମୁଣ୍ଡେଇ ଥିବା
ଗୋଟେ ବିରାଟ ପୃଥିବୀ
ଆଉ ତୁମ ଛାତି ତାକୁ ଢାଙ୍କି ରଖିଥିବା
ଅନନ୍ତ ଆକାଶ ।

ବାପାଙ୍କ ଚପଲ

ଦିନ ତମାମ୍
ଦାନା କନାର ସଂଘର୍ଷରେ
ଜରାଜୀର୍ଣ୍ଣ ହୋଇ ସାରିଥିଲେ ବି
ସେ ମୋ ବାପାଙ୍କ
ଭାରି ବିଶ୍ୱସ୍ତ ସଖାଟେ ।

ସେଇଥି ପାଇଁ ତ
ସେ ବାପାଙ୍କ ସହ
ପ୍ରତିଦିନ ସକାଳୁ
ବାହାରି ପଡ଼େ
କର୍ମଭୂମି ଅଭିମୁଖେ ।

ବାପାଙ୍କ ଦଦରା
ଫାଟୁଆ ପାଦ ଯୋଡ଼ାକୁ
କଷ୍ଟ ଦେବା ଆଗରୁ
ସେ ଦେଖେଇ ଦିଏ
ତା' ପିଠିଟିକୁ
କେତେ ଯେ ଗୋଡ଼ି, ମାଟି, କଣ୍ଟା
ଆଉ ପଥର ଉପରେ ।

ଗ୍ରୀଷ୍ମର ତତଲା ତାୱାରେ
ସେ ସିଝି ଚାଲେ
ଶୀତରେ ବରଫ ପାଲଟେ
ଆଉ ବର୍ଷାରେ କାଦୁଅ ସବୁକୁ
ସର୍ବାଙ୍ଗରେ ବୋଲି ଦେଇ
ସେ ବାପାଙ୍କ ପାଦକୁ ସୁରକ୍ଷା ଦିଏ ।

ବୋଧେ ସେଇଥି ପାଇଁ
ସେଇ ପୁରୁଣା ବଦଳରେ
ଗୋଟେ ନୂଆ ଆଣିବାର
ହଜାରେ ବରାଦକୁ ବି ବାପା
ଏଡ଼ାଇ ଦେଇ
ବାହାରି ଯାଆନ୍ତି ଫି' ଦିନ ସକାଳେ ।

ବାପାଙ୍କ ହାତଘଣ୍ଟା

ବାପାଙ୍କ ବାମ ହାତରେ
ପରସ୍ତେ ମଇଳା ଜମି ସାରିଥିବା
ଗୋଟେ ଚାବିଦିଆ ହାତଘଣ୍ଟା ।

ବାପା ସବୁ ଦିନ ଠିକ୍ ବାରଟାରେ
ସେଠି ଚାବି ଦେଇ ଦେଲା ପରେ
ସେ ଚାଲିବା ଆରମ୍ଭ କରେ
ଆଉ ବାପା ତା' ସାଙ୍ଗରେ
ତାଳ ଦେଇ ଦଉଡ଼ିବା ଆରମ୍ଭ କରି ଦିଅନ୍ତି
ଜୀବନ ସଂଘର୍ଷର ମଇଦାନରେ ।

ଯେଉଁଠି ବାପା ଖଞ୍ଜି ଦେଇଛନ୍ତି ନିଜକୁ
ଉଠିବାଠୁ ଶୋଇବା ଯାଏଁ
ଆଉ ଶୋଇବା ଠୁ ଉଠିବା ଯାଏଁ

ପ୍ରତିଟି ସମୟରେ ତାଙ୍କର ନଜର
ହାତ ଘଣ୍ଟାର ପ୍ରତିଟି କଣ୍ଟା ଉପରେ ।

ତା'ର ପ୍ରତିଟି ଟିକ୍ ଟିକ୍ ଶବ୍ଦ
ବାପାଙ୍କୁ ଭାରି ଜୋର୍ ରେ ଶୁଭେ
ତାଙ୍କ ଦାୟିତ୍ୱକୁ
ସବୁବେଳେ ଚେତେଇ ଦିଏ
ବାପାଙ୍କୁ ସତେଜ କରିଦିଏ ।

ଆଉ ବାପା ବି
ତା'ର ପ୍ରତିଟି ନିର୍ଦ୍ଦେଶକୁ
ବୁଝି ନିଅନ୍ତି ଭାରି ସହଜରେ ।

ବାପାଙ୍କ ପାଦ

ସେ ପାଦ ଯୋଡ଼ାକ ଅବିଶ୍ରାନ୍ତ ।

ବାପାଙ୍କ ପାଞ୍ଚ ଫୁଟ ଛ' ଇଞ୍ଚର
ଶରୀରଟାକୁ ନିଜ ପିଠିରେ ଧାରଣ କରିବ ସହ
ତାକୁ ଉଠେଇବାକୁ ପଡ଼େ
ବାପାଙ୍କ ହୃଦୟର
ସମୁଦ୍ରେ ଆଶା ଆଉ ଆକାଂକ୍ଷା
ଆକାଶ ପରି ଅପରିସୀମ
ଚିନ୍ତା ଆଉ ଦୁଃଚିନ୍ତାର ପାହାଡ଼ ।

ପୁଣି ବାପାଙ୍କ ସ୍ଵପ୍ନ ବୁଣୁଥିବା କ୍ଷୁଦ୍ର ପୃଥିବୀର
କିଛି ମୃତ ଆଉ କିଛି ଜୀବିତ
ସ୍ଵପ୍ନମାନଙ୍କର ବୋଝ ।

ତଥାପି ସେ ନିର୍ବିକାର ।

ଅଦ୍ୟପି ବି ତା' ପିଠିରେ ଭାରି ସ୍ପଷ୍ଟ ଦେଖାଯାଏ
କାଇଁ କେଉଁ କାଳରୁ ଫୁଟିଥିବା
କଣ୍ଟା, କାଚ ଆଉ ମୂନିଆ ପଥରର ଦାଗ ।

ସତରେ ସେ ପାଦ ଯୋଡ଼ା ଭାରି ନିଷ୍ଠୁର ।

ଡହ ଡହ ଗ୍ରୀଷ୍ମର ତାତି
ଝିପିଝିପି ବର୍ଷାର କାଦୁଅ
କି ହାଡ଼ ଭଙ୍ଗା ମାଘର ଶୀତ
କାହାରିକି ଖାତିର ନାହିଁ ତାହାର ।

ସେମିତି ସେ ଚାଲୁଥାଏ
କେବେ ପୁଣି ଝୁଣ୍ଟୁଥାଏ
ତଥାପି ସେ ନୁହେଁ ପରାଜିତ
ଯେଯାଏଁ ବାପା ନ ହେଇଛନ୍ତି ସଫଳ

ଏ ପାଦର ଯାତ୍ରା ଅବିରତ ।

ବାପାଙ୍କ କାମିଜ

ସବୁଦିନ ରାତି ହେଲେ ସେ ଟଙ୍ଗାହୁଏ
ବାପାଙ୍କ ଶୋଇବା ଘର
ଲାଲମାଟି କାନ୍ଥ ଉପରେ ବଙ୍କା ହେଇ ମରା ହେଇଥିବା
ଲୁହାକଣ୍ଟା ଉପରେ ।

ସେତିକି ବେଳେ ସେ ନିର୍ଜୀବ ପାଲଟେ

କାହିଁକି ନା
ଦିନ ସାରା ସିଝିଥାଏ ସେ ମୁଣ୍ଡ ଫଟା ଖରାରେ
ସଢ଼ିଥାଏ ହାଡ଼ଭଙ୍ଗା ଶୀତରେ
ଭିଜିଥାଏ ମୁଷଳଧାରାର ବର୍ଷାରେ ।

ତା' ସହ ପୁଣି ସେ ଆକଣ୍ଠ ପିଇଥାଏ
ବାପାଙ୍କ ଦେହର ସ୍ୱେଦ

ଚାଖିଥାଏ ମାଟି ଆଉ କାଦୁଅର ସ୍ୱାଦ
ପୁଣି ଦିନସାରା ଆଦରି ନେଇଥାଏ
ଇଟା, ପଥର ଆଉ ମାଟି ମିଶା ଅମ୍ଳଜାନର ପ୍ରଶ୍ୱାସ

ତା' ସହ ପିଠିରେ ବୋହି ଥାଏ
ରାମ ସାହୁ ଗୋଦାମ ଘରର
ଧାନ, ଚାଉଳ, ମୁଗ, ବିରି, ହରଡ଼ ବସ୍ତାର ବୋଝ

ତଥାପି ସେ ହାରି ନ ଥାଏ ।

ଯେମିତି ଥିଲା ଆଗରୁ ଏବେ ବି ସେ ଠିକ ସେମିତି
ବାପାଙ୍କ ଦେହକୁ ଜାବୁଡ଼ି ଧରିଥାଏ
ବାପାଙ୍କ ସହ ସେ ବି ଅଣନିଶ୍ୱାସୀ ହୁଏ
ଦିନ ତମାମର ଜୀବନ ସଙ୍ଘର୍ଷରେ

କିନ୍ତୁ ବୁଝି ପାରେ ନି ସେ
ହାରି ଯାଏ ନା ଜୟଲାଭ କରେ ।

ସବୁଦିନ ପରି
ସଞ୍ଜ ହେଲେ ସେ ଚାଲି ଆସେ
ତା' ପକେଟରେ କେତୋଟି ଝାଳ ଭିଜା ନୋଟ ଧରି
ବାପାଙ୍କ ସାଥିରେ ।

ପୁଣି ଆସି ଲୁହା କଣ୍ଟା ଉପରେ ଟଙ୍ଗା ହୁଏ
ସେତେବେଳେ
ପୂର୍ବପରି ସେ ନିର୍ଜୀବତ୍ୱ ସ୍ୱୀକାର କରେ

ଲୁହା କଣ୍ଟା ଉପରେ ରାତି ତମାମ୍ ସେ ଝୁଲି ରହେ ।

ଆଉ ଯେବେ ରାତି ସରେ
ପୂରୁବ ଆକାଶରେ ସୂର୍ଯ୍ୟ ଉଏଁ
ବାପାଙ୍କ ନିଦ ଭାଙ୍ଗେ
ବୋଉର ପାଟି ଶୁଭେ

ତା' ସହ
ପୂର୍ଣ୍ଣଚ୍ଛେଦ ପଡ଼େ ତା' ନିର୍ଜୀବତ୍ୱରେ
ସେତେବେଳେ ସେ ସତେଜ ହୁଏ
ନିର୍ଜୀବତ୍ୱରୁ ସେ ଧୀରେ ଧୀରେ
ସଜୀବତ୍ୱ ପ୍ରାପ୍ତ କରେ
ବାପାଙ୍କ ଉଷୁମ ଦେହର ଉଷୁମ ସ୍ପର୍ଶରେ ।

ବାପାଙ୍କ ଗାମୁଛା

ବାପାଙ୍କ ବାମ କାନ୍ଧରେ
ଗୋଟେ ଗାମୁଛା ।

ଯିଏ ସବୁଥର ଆକଣ୍ଠ ପିଇନେଇଛି
ମୋ ବାପାଙ୍କ
ନିଗିଡ଼ା ଲୁହ, ଲହୁ, ସ୍ୱେଦ ।

ପ୍ରତିଥର ପୋଛିଛି ବାପାଙ୍କ
ମୁହଁର ବିଷଣ୍ଣ ବିଷାଦ
ଲୁଚେଇଛି ବାପାଙ୍କ
ନୀରବ ଯନ୍ତ୍ରଣା ସବୁର ଆର୍ତ୍ତନାଦ ।

ପୁଣି କେବେ
ବାପାଙ୍କ ମୁଣ୍ଡର ସିରିପା ହେଇ
ଖରା, ବର୍ଷା, ଶୀତରୁ
ବାପାଙ୍କୁ ସୁରକ୍ଷା ଦେଇଛି ତ

ଆଉ କେବେ
ବାପାଙ୍କ ଅଣ୍ଟାର ବଳ ହେଇ
ବାପାଙ୍କୁ ଦେଇଛି
ଧୈର୍ଯ୍ୟ ଆଉ ସାହସ ।

ଏମିତିରେ
ପ୍ରତିଦିନ ଫୋପାଡ଼ି ଚାଲେ
ସେ ନିଜ ଆୟୁଷ
ଇଟାଭାଟି, ଧାନ ବିଲ ନ ହେଲେ
ତା' ପାଇଁ ଠିକଣା ତ
ହରି ସାହୁର ଗୋଦାମ ଘର ।

ଯେଉଁଠି ସେ ବାପାଙ୍କୁ ପୂର୍ଣ୍ଣତା ଦେଉ ଦେଉ
ନିଜକୁ ଇ ସାରି ଚାଲିଥାଏ ପ୍ରତିଥର।

ପୁଣି ସବୁରି ଶେଷରେ
ନିଜ ଅବଶିଷ୍ଟ ଆୟୁଷକୁ
ବୋଉ ହାତରେ ସମର୍ପି
ସେ ପଡ଼ିରହେ
ଘର କୋଣ ଚଟାଣ ଉପରେ

ଯାହା ଦେଇ ମୋ ବୋଉ
ନିଇତି ସଫାକରେ ଘର ।

ବାପାଙ୍କ ଛାତି

ସେ ତ ଛାତି ନୁହଁ
ମୋ ପାଇଁ ଅନନ୍ତ ଆକାଶ
ଯେଉଁଠି ମୁଁ ଖୋଜୁଥିବା
ସବୁ ଗ୍ରହ, ନକ୍ଷତ୍ର
ଆଉ ତାରକାଙ୍କ ମେଳ ।

ସେଠି ହୁଏନା କେବେ
ଋତୁ ପରିବର୍ତ୍ତନ
ଝରେନା ଝରା ଶ୍ରାବଣ
ଆସେନା ଗ୍ରୀଷ୍ମ
କି ଖସେନା କାକର ।

ସେଠି ସବୁ କିଛି ତ
ମୋ ଆକାଂକ୍ଷିତ
ଚାହିଁଲେ ସପ୍ତରଙ୍ଗ ନେଇ
ଆସେ ଇନ୍ଦ୍ରଧନୁ
ପୁଣି ଇଚ୍ଛା କଲେ ଗ୍ରୀଷ୍ମରେ ବି
ଲେଉଟେ ମଳୟ ।

ସତରେ ସେ ତ ଛାତି ନୁହଁ
ମୋ ଆକାଂକ୍ଷିତ କ୍ଷୁଦ୍ର ପୃଥିବୀର
ସେ ହିଁ ତ
ସୁରକ୍ଷାର ଅଭେଦ୍ୟ ବଳୟ ।

ବାପାଙ୍କ ହାତ

ଚାରିପ୍ରାଣୀ କୁଟୁମ୍ବ ପାଇଁ
ମୁଠାଏ ଭାତ ଆଉ ହାତିଏ କନା
ଯୋଗାଡୁ ଯୋଗାଡୁ
ସେ ନିଜକୁ ପଥର କରିନେଇ ସାରିଥାଏ ।

ସେଇଥି ପାଇଁ ବୋଧେ
ନା ସେଥିରେ
କଣ୍ଟା ଫୁଟିଲେ ଦରଦ ହୁଏ
ନା ପଥର ବାଜିଲେ

ସବୁ କଷ୍ଟକୁ ହଜମ କରିନେଇ
ସେ ଲାଗିଥାଏ
ଚାରୋଟି ଭୋକିଲା ପେଟ ପାଇଁ
ଦାନା କନାର ସଂଗ୍ରହରେ ।

ସେଇ ହାତ ଯୋଡ଼ା କେବେ
ହାର ମାନେନି କାହା ଆଗରେ
ଯେତେ ଝଡ଼ ଝଞ୍ଜା ଆସିଲେ ବି
ସେ ନିର୍ଭୀକ ପରି ସାମ୍ନା କରେ
ମୁଣ୍ଡରୁ ଝାଳ ପୋଛେ
ଆଖିରୁ ଲୁହ ପୋଛେ
ମାଟି ତାଡ଼ି ପଥର ବୋହି
ବାପାଙ୍କୁ ସ୍ୱାଭିମାନୀ କରି ଗଢି ତୋଳେ ।

ସତରେ
ସେଇ ହାତ ଯୋଡ଼ାକ ହିଁ ତ
ମୋ ପାଇଁ ରକ୍ଷା କବଚ
ମୋ ଭଉଣୀ ଛାତିର ସାଇତା ସାହସ
ମୋ ବୋଉ ରୋଷେଇର ଆସବାବପତ୍ର
ଯାହା ପାଇଁ
ମୋ ବୋଉର ଚୁଲୀ ଜଳେ
ଚାରି ପ୍ରାଣୀ କୁଟୁମ୍ବଙ୍କ ପେଟ ଭରେ
ମୋ ବୋଉ ଗର୍ବରେ ବାଟ ଚାଲେ ।

ଏ ତ ସେଇ ହାତ
ଯିଏ ଉଠେ ତ କେବଳ
ସ୍ନେହ, ପ୍ରେମ ଆଉ ଆଶୀର୍ବାଦରେ ।

ବାପା, ମୁଁ ବଡ଼ ହୋଇଯାଇଛି

ତୁମ ପରି
ଛାତିର ତମାମ୍ କୋହକୁ
ଛାତିରେ କବର ଦେଇ
ଆଖି ଲୁହ ସବୁକୁ
ପାଟିରେ ପିଇ
କେମିତି ଓଠରେ ଫୁଟେଇବାକୁ ହୁଏ ମିଛ ହସ !
ଆଜି ମୁଁ ଶିଖି ନେଇଛି ।

ତୁମ ପରି
ପେଟର ପେଟେ ଭୋକକୁ
ପେଟରେ ଜାକି
ମାଟି ଆଉ କାଦୁଅକୁ ଦେହରେ ମାଖି
କେମିତି ନିଜକୁ ସଜେଇବାକୁ ହୁଏ ପଥର !
ସେସବୁ ମୁଁ ଜାଣି ସାରିଛି ।

ତୁମ ପରି
ଆଖିର ଆଖିଏ ନିଦକୁ
ଆଖିରେ ମାରି
ତମାମ ଚିନ୍ତା ଆଉ ଦୁଃଚିନ୍ତାକୁ
ଛାତିରେ ଜାକି
କେମିତି କରାଯାଏ ଚିନ୍ତାଶୂନ୍ୟର ଅଭିନୟ !
ସେତକ ମୁଁ ଶିଖି ନେଇଛି ।

ତୁମ ପରି
ଛାତିରେ ଛାତିଏ ସାହସ
ଆଖିରେ ଆଖିଏ ସ୍ୱପ୍ନ
ଆଉ ସମୟ ସାଥିରେ ସାଲିସ କରି
କେମିତି ଜୀଇଁବାକୁ ହୁଏ ଜୀବନ
ଏଇ ତ ମୁଁ ଜାଣି ସାରିଛି ।

ବାପା, ମୁଁ ବଡ଼ ହୋଇଯାଇଛି ।

ଶୀତ ଆଉ ବାପା

ବାପା, ତୁମେ ଏମିତି କେମିତି
ହେଇପାର ।

ଏଇ ହାଡ଼ ଭଙ୍ଗା ଶୀତରେ
ଯେତେବେଳେ ମୁଁ ଗରମ ସେଜରେ
ଚଦର ଢାଙ୍କି ଶୋଇଥାଏ ନିଘୋଡ଼ ନିଦରେ
ତୁମେ ନିଜ ଚଦର କାଢି
ଢାଙ୍କି ଦେଇ ମୋ'ରି ଉପରେ
ଚାଲି ଯାଅ ଭୋକିଲା ପେଟରେ
ନୁଖୁରା ଦେହରେ

ଇଟା, ପଥର, ସିମେଣ୍ଟ ଆଉ ବାଲି
ସାଥିରେ ଭାବ ବାଣ୍ଟିବାକୁ
ସବୁଜ ଧାନ ଗଛମାନଙ୍କ ସାଥିରେ
ସମ୍ପର୍କ ଗଢିବାକୁ
ପୁଣି ହରି ସାହୁ ଗୋଦାମ ଘରେ
ଥାକ ଥାକ କରି ଥୁଆ ହେଇଥିବା
ମୁଗ, ବିରି, ଚାଉଳ ବସ୍ତାମାନଙ୍କ ସହ
ଛାତି ଆଉ ପିଠି ମିସେଇବାକୁ ।

କୁହ ବାପା କେମିତି ତୁମେ ଚାଲିପାର
ଛିଣ୍ଡା ଚପଲରେ
ବେଖାପିଆ ରାସ୍ତାରେ
ହାଡ଼ ଭଙ୍ଗା ଶୀତରେ
ତା'ପୁଣି
ବିନା ଗରମ ବସ୍ତ୍ର
ଆଉ ଚଦର ସାହାରାରେ ।

ବାପା, ଯେତେଥର ବି ଦେଖିଛି ମୁଁ
ତୁମେ ତ ଡରି ନ ଏ ଶୀତକୁ
ବରଂ ସବୁଥର ଲଢ଼ିଛ
ସବୁଥର ସହିଛ
ଛାତି ଆଉ ପିଠି ଦେଖେଇ ଦେଇଛ
ହାତକୁ ହତିଆର କରିଛ
ପଥର ଭାଙ୍ଗିଛ, ମାଟି ତାଡ଼ିଛ
ଦେହ ଥରା ଶୀତରେ ବି ତୁମେ
ହୋମ କୁଣ୍ଡ ନିଆଁ ପରି ହୁତୁହୁତୁ ହେଇ ଜଳିଛ

କୁହ ବାପା,
ତୁମକୁ କ'ଣ ଛୁଇଁପାରେ ନା ଏ ଶୀତ ।

ସବୁଥର ତ ଶୀତକୁ ମିତ କରି ତୁମେ
ଚାଲି ଯାଅ ମୋ ନ ଉଠୁଣୁ
ଅନୁସରି ନିଜ କର୍ମପଥ ।

ଲଣ୍ଠନ ଆଉ ବୋଉ

ସବୁଦିନ ରାତିରେ ବାପାଙ୍କ ଶୋଇବା ଘରୁ
ଶୁଭେ ତାଙ୍କ ଶୁଖିଲା କାଶ
ଧଇଁସଇଁ ଛାତିର ନିଶ୍ୱାସ
ତା' ସାଙ୍ଗରେ ମୋ ବୋଉର ଗୁଣୁଗୁଣୁ ଶବ୍ଦ
ଅସ୍ପଷ୍ଟ କଙ୍କଣର ସ୍ୱର ।

ଯେବେ ଏକାନ୍ତରେ ଯାଇ ଦେଖେ
ବାପା ତାଙ୍କ ନିତିଦିନିଆ
ରଫୁ ହେଇଥିବା ଜାମାଟାକୁ
ଟାଙ୍ଗି ଦେଇ କାନ୍ଥରେ
ଖଟ ଉପରେ ବସି ହିସାବ କରୁଥାନ୍ତି
ଶରୀରରୁ ନିଗାଡ଼ିଥିବା ବିନ୍ଦୁ ବିନ୍ଦୁ ଲହୁ
ବଦଳରେ ମିଳିଥିବା ପାରିଶ୍ରମିକ

ଯାହା ଉପରେ ନିର୍ଭର କରେ
ଚାରି ପ୍ରାଣୀ କୁଟୁମ୍ବଙ୍କ ପେଟ

ଯେଉଁଠୁ କିଛି ସଞ୍ଚୟ ହେବ
ଭଉଣୀ ବାହାଘର ଆଉ ପୁଅର ପାଠ ପଢା ପାଇଁ
ଆଷାଢ଼ ପୂର୍ବରୁ

ଫୋନିରେ ଉଜୁଡ଼ି ଯାଇଥିବା
ଛପରଟାକୁ ସଲଖିବା ପାଇଁ
ଆଉ ବାକି ଯାହା ବଳିବ
ସେଇଥିରେ ମୋ ବୋଉର ଚୁଲି ଜଳିବ
ଘରକୁ ପରିବା ଆସିବ
ବୋଉର ତେଲ, ଲୁଣର ବରାଦରେ
ପୂର୍ଣ୍ଣଚ୍ଛେଦ ପଡ଼ିବ ।

ହେଲେ ବୋଉ, ସେ ତ ଲାଗିଥାଏ ତା' ଚିରା
କାନିଟାକୁ ସିଲେଇ କରିବାରେ,

ଲଣ୍ଠନର ମିଞ୍ଜିମିଞ୍ଜି ଆଲୁଅରେ
ଲଣ୍ଠନ ପରି ସେ ନିଜକୁ ଜାଳୁଥାଏ
ରାତିର ସେଇ ନିର୍ଜନ ପ୍ରହରେ ।

ଶେଷକୁ ରାତିଟା ବଢ଼ି ବଢ଼ି ଚାଲେ
ଆଉ ବାପାଙ୍କ କାଶ ଧିମେଇବାରେ ଲାଗେ
ଲଣ୍ଠନଟା ବି ଲିଭି ଲିଭି ଆସେ
ଆଉ ବୋଉ, ବାପାଙ୍କ ଗୋଡ଼ ପାଖେ ବସି
ବାପାଙ୍କ ଗୋଡ଼ ମୋଡ଼ୁ ମୋଡ଼ୁ
ଆମ ସୁଖ, ଶାନ୍ତି ପାଇଁ
ଲାଗିପଡ଼େ ନିରବ ପାର୍ଥନାରେ ।

ଏମିତିରେ କେତେବେଳେ ଯେ
ବୋଉ ଶୋଇ ପଡ଼େ
ସେ ତ ଆଜି ବି ମୋ ରହସ୍ୟ ଘେରରେ

ଯୁଦ୍ଧ

ଯେବେ ଅଦିନିଆ ବର୍ଷା ହୁଏ
ବାହାରେ ବିଜୁଳି ଆଉ ଘଡ଼ଘଡ଼ିର
ବେଲଗାମ୍ ରାଜୁତି ଚାଲେ
ବୋଉ ମୋର ଚଳଚଞ୍ଚଳ ହେଇ ଉଠେ
ବାପାଙ୍କ ସାହସୀ ଛାତିଟା ଶଙ୍କି ଉଠେ ।

ବେଗି ବେଗି ବୋଉ ଧାଏଁ
ରୋଷେଇ ଘରକୁ
ବାଲଟି, ଡେକଚି, ଥାଳିଆ ଯାହା ପାଏ
ଧରି ଆସେ
ଆଉ ପତେଇ ଦିଏ
କଣା ଛପରୁ ପାଣି ଗଳି
ବୋଉର ଗୋବର ଘଷା, ହାତ ଲିପା
ମାଟି ଚଟାଣଟାକୁ ବତୁରେଇ ଦଉଥିବା
ସ୍ଥାନ ଗୁଡ଼ିକରେ ।

ସେପଟେ ବାପା
କେମିତି ଚୁପ୍ ହେଇ ବସି ପାରନ୍ତେ ଯେ
ଅଣ୍ଟାରେ ଗାମୁଛା ଭିଡ଼ି
ଛିଣ୍ଡା ଖଟ ଉପରେ ଛିଡ଼ା ହେଇ

ଲାଗି ପଡ଼ନ୍ତି ପାଣି ଗଳୁଥିବା
ଦରଭଙ୍ଗା ଛପରଟାକୁ ସଜାଡ଼ିବାରେ ।

ହେଲେ ଏତିକି ବେଳେ
ବୋଉର ଡେକଚି, ଥାଳିଆ, ବାଲଟି ସବୁ
ଭରି ସାରିଥାଏ ପାଣିରେ
ଆଉ ବୋଉ ଲାଗିପଡ଼େ
ପୁଣି ଥରେ
ସେସବୁକୁ ଖାଲି କରି ପତେଇବାରେ ।

ମୋ ଆଖି ସାମ୍ନାରେ
ଏମିତି ବରାବର ଚାଲେ
ସମୟ ସହ
ମୋ ବାପା ଆଉ ବୋଉଙ୍କର ଯୁଦ୍ଧ
ସୀମିତ ସେଇ ମାଟି ଘରର ପରିଧି ଭିତରେ
ଯେବେ ଆମ ଗାଁରେ
ଅଦିନିଆ ବର୍ଷା ହୁଏ ।

ରାତି

ଏ ରାତି ଆସେ
ମୋ ପବନା ପେଟର ଭୋକ ହେଇ
ମୋ ରଜନୀ ବୋଉର ଲୁହ ହେଇ
ମୋ ଗେହ୍ଲେଇ ଝିଅର ଅଭିମାନ ହେଇ ।

ସେ ଯେବେ ବି ଆସେ
ପ୍ରତି ଥର ପରି ଘୋଷଣା କରେ
ମୋ ବିରୁଦ୍ଧରେ ଶୀତଲ ଯୁଦ୍ଧ
ଆଉ ମୁଁ,
ମୋ ଭିତର ସବୁ ଦୁର୍ବଳତାକୁ
ଛାତି ଭିତର କେଉଁ ଗୋଟେ କୋଣରେ
କବର ଦେଇ
ଏକାଙ୍ଗଚକ୍ରବର୍ତ୍ତୀ ପରିକା
ଲଢିବାକୁ ଲମ୍ଫ ଦିଏ
ଏଇ ହାଡୁଆ ଛାତିର
ପୁଳାଏ ସାହସର ସାହାରାରେ ।

ସେମିତି ରାତିଟା ବଢି ଚାଲେ
ଝିଙ୍କାରିର ଶବ୍ଦ ସାଥିରେ
ସେ ଆହୁରି ଗହନରୁ ଗହନ ହୁଏ
ମୁଁ ସାହସ ବାନ୍ଧେ
ସବୁଥର ପରି ଏ ଥରକ ବି
ତାକୁ ଟାଳି ଦେବାର ପ୍ରଚେଷ୍ଟାରେ
ତୋରାଣୀକୁ ଖାଇବା କରି ପେ'ଇ ଦିଏ
ନିଜ ହାତରେ ଲୁହ ସବୁ ପୋଛି ଦିଏ
ଗେହ୍ଲେଇ ଝିଅର ଅଭିମାନକୁ
ରାତିକ ପାଇଁ ମନେଇ ନିଏ
ମିଛ ପ୍ରତିଶ୍ରୁତିର ଆଳରେ ।

ପ୍ରତି ଥର ଯେବେ ଏ ରାତି ଆସେ
ମୁଁ ଲଢିଥାଏ
ଠିକ୍ ଏମିତି କେତେଗୁଡ଼ାଏ
ଭୋକ, ଲୁହ ଆଉ ଅଭିମାନ ସାଥିରେ ।

ମାଟି କାନ୍ଥ

ଏ ତ ସେଇ ମାଟି କାନ୍ଥ
ଯେଉଁଠି ଖୁସିରେ
ପରସ୍ତେ ନୂଆ ଲାଲମାଟିର
ରଙ୍ଗ ଚଢୁଥିଲା
ଆଉ ଦୁଃଖରେ
ମୋ ବାପାଙ୍କ ନୁଖୁରା ମୁଣ୍ଡର
ଛିଟାଏ ତେଲ ଛିଟା ।

ଯା' ଆଗରେ
ହାର ମାନୁଥିଲା ଝଡ଼ ତୋଫାନ
ହାର ମାନୁଥିଲା ଶୀତ ଗରମ
ଆଉ
ସେ ଛିଡ଼ା ହୋଇଥିଲା ସେମିତି

ତା' ନିଦା ଛାତିଟାକୁ ମେଲେଇ ଦେଇ
ଶ୍ରାବଣର ବର୍ଷାରେ
ମାଘର ହାଡ଼ଭଙ୍ଗା ଶୀତରେ
ବୈଶାଖର କାଳ ବୈଶାଖୀରେ
ଆମ ଘର ଛପରଟାକୁ ତା' କାନ୍ଧରେ ମୁଣ୍ଡେଇ
ସବୁ ଦିନ ସବୁ ରାତି ।

ମୋ ବାପା ପାଇଁ
ସେ ଥିଲା ଅଦମ୍ୟ ସାହସ
ଯିଏ ଦୁଃଖରେ କୋଳେଇ ନେଇ
ଆଲିଙ୍ଗନ କରୁଥିଲା
ଶାନ୍ତ୍ୱନା ଦେଇ ଟାଣି ନେଉଥିଲା
ବାପାଙ୍କ ଦୁଃଚିନ୍ତା ରାତି ରାତିର ଅନିଦ୍ରା
ତା' ମସୃଣ ସାହସୀ ଛାତିକି ।

ମୋ ବୋଉ ପାଇଁ
ସେ ଥିଲା ଚିତ୍ରଶାଳା
ଯେଉଁଠି ପ୍ରତି ମଗୁଶିର ଗୁରୁବାରେ
ଚିତ୍ରିତ ହେଉଥିଲା ତା' ନୁଖୁରା ହାତରେ
କେତେ ଯେ ଝୋଟି ଆଉ ଚିତା ।

ମୋ ଭଉଣୀ ପାଇଁ
ସେ ଥିଲା ଚଗଲି ଚତୁରୀ ସଖୀଟେ
ଠିକ୍ ରାଧାଙ୍କ ଲଳିତା ପରି
ଯା' ଉପରେ ମୁଣ୍ଡ ରଖି
ସେ କହିଯାଉଥିଲା
ତା' ସ୍ୱପ୍ନର ରାଜକୁମାର କଥା ।

ଆଉ ମୋ ପାଇଁ
ସେ ତ ଗୋଟେ ସ୍ମୃତିଶାଳା
ମୋ ଚଗଲା ପିଲା ଦିନର
ଯେଉଁଠି ପ୍ରଥମେ ମୁଁ ହାତ ଥାପି
ଉଠିବା ଶିଖିଥିଲି
ଖଣ୍ଡି ଖଣ୍ଡି ଚାଲି ଥିଲି
ପୁଣି କେତେ ଯେ ପଡ଼ିଥିଲି
ଚକ୍ ଖଡ଼ି ଧରି ପ୍ରଥମ ଖଡ଼ି ଛୁଇଁଥିଲି
ତା' ମସୃଣ ଛାତିରେ ।

ଲକଡ଼ାଉନ୍

ଲକଡ଼ାଉନ୍ ପରଠୁ ମଦନା ପାଇଁ
ରାତିମାନେ ଡାହାଣୀ ହୋଇ ଆସନ୍ତି

ମଦନା ଦେହରୁ ରକ୍ତ ଶୋଷି
କଞ୍ଚାମାଂସ ଖାଇ
ରକ୍ତ-ମାଂସହୀନ କଙ୍କାଲଟେ କରିଦେଇ ଯା'ନ୍ତି

ଯେବେ ସକାଳ ହୁଏ
ମଦନାକୁ ଲାଗେ କେମିତି
ତା' ପିଣ୍ଡରେ ପ୍ରାଣ ନାହିଁ
ଦେହରେ ରକ୍ତ ନାହିଁ
ତା' ପାଞ୍ଚହାତିଆ ବପୁରେ ବଳ ନାହିଁ

ସେଇଥି ପାଇଁ ତ ଗଗନାର ଭୋକିଲା ପେଟ
ରଜନୀର ଶୁଖିଲା ମୁହଁ
ରାନୁ ବୋଉର ନିରୀହ ଆଖି
କିଛି ବି ତା' ଆଖିକି ଦିଶେନି ।

ସେ ସେମିତି ପଡ଼ିଥାଏ ମୁଣ୍ଡ ଆଉଜି
ଘର କୋଣ ଅନ୍ଧାର ଭିତରେ
ଠିକ ଗୋଟେ ଶବ ପରି

ମୁଣ୍ଡ ଉପରେ ଚିନ୍ତା ଆଉ ଦୁଃଚିନ୍ତାର
ବୋଝ ବୋହି ।

ନ୍ୟାୟ

ଈଶ୍ୱର, ଆସ ଥରେ ମାତ୍ର
ମୋ ଆବାହନେ
ମୋର ଏଇ କ୍ଷୁଦ୍ର କୁଟୀରକୁ
ଛାଡ଼ି ତୁମ ଗୋଲୋକ ମଣ୍ଡଳ ।

ହେଲେ ତୁମେ ଈଶ୍ୱର ହୋଇ ଅସନି
ଥରେ ମାତ୍ର ତ୍ୟାଗକର
ତୁମ ପଟୁଆର, ଈଶ୍ୱରତ୍ୱ
ଯାହା ଇଚ୍ଛା କରିଯିବାର ସମସ୍ତ ସାମର୍ଥ୍ୟ

ସବୁ ଦାୟିତ୍ୱରୁ ନିଜକୁ ମୁକ୍ତକର
ଧର କେବଳ ଦୀନହୀନର ବେଶ
ଆସି ମୋ ସ୍ଥାନରେ ଛିଡ଼ାହୁଅ

ମୋତେ ମୋ କର୍ମରୁ ଅବ୍ୟାହୁତି ଦେଇ
ଗୋଟିଏ ଦିନ ପାଇଁ ସମ୍ଭାଳ ମୋ
କାର୍ଯ୍ୟଭାର,
ମୋ କାନ୍ଧର ସମସ୍ତ ଦାୟିତ୍ୱ

ମୁଁ ଦେଖିବି ତୁମେ କେତେ ପାରିବାର ।

ହେ ଈଶ୍ୱର ! କିନ୍ତୁ ମନେରଖ
ଏବେ ତୁମେ ଈଶ୍ୱର ନୁହଁ
ଭୁଲି ଯାଅ ତୁମ ଯେତେ ମନ୍ତ୍ର ଶକ୍ତି
ମଣିଷର ଭାଗ୍ୟଚକ୍ର
ବର୍ତ୍ତମାନ ଭବିଷ୍ୟତ ସଙ୍ଗେ ତୁମ ଖେଳ

ଜାଣ, ଏବେ ତୁମେ ବି ତୁମର ନୁହଁ
ଭାବି ନିଏ ଏଇ ତୁମ
ଅନ୍ୟ ଏକ ନୂଆ ଅବତାର ।

କୁହ ହେ ଈଶ୍ୱର ! ତୁମେ କ'ଣ
ଦୂରେଇପାରିବ ବୁଭୁକ୍ଷୁ ମୋ ପରିବାରେ
ବେଳାକର ଭୋକ
ଛାତହୀନ ଚାଳ ଘରେ ନୂଆ ଏକ ଛାତ
ଝିଅ ପାଇଁ ନୂଆ ଫ୍ରକ୍,
ପୁଅ ପାଇଁ ନୂଆ ଜାମା ଏକ

ଦୁଃଖର ଚିମିନି ଧୂଆଁ ଅଡୁଆଲେ
କୋଉ କାଳୁ ହଜିଥିବା
ପ୍ରତି ମୁହେଁ ଅରାଏକ ହସ ।

ନିଅ ତୁମ ଭାଗ୍ୟ, ଭବିଷ୍ୟ
ସବୁକିଛି ତୁମ ପାଖରେ ରଖ
ଏବେ ଚେଷ୍ଟାକର

କିନ୍ତୁ ମନେରଖ, ଏଠି କାମ ନାହିଁ
ନାହିଁ ନାହିଁ କେହି ନାହିଁ
ବୁଝିବାକୁ ଏ ଦୁଃଖିର ଦୁଃଖ ।

ଜାଣେ, ଏବେ ଯଦି ତୁମେ ପ୍ରକୃତ ଈଶ୍ୱର
ତୁମେ ନିଜକୁ ନିଜେ ଘୃଣା କରିବ
ବୁଝିଯିବ ଅଭିଶପ୍ତ ଜୀବନର ଦୁଃଖ
ପ୍ରାଣ ଥାଉଁ ମଣିଷଟେ
କେମିତି ଯେ, ମୃତ୍ୟୁ ଲଭେ ଏଠି ବାରମ୍ବାର ।

ଏବେ ନ୍ୟାୟକର ହେ ଈଶ୍ୱର !

ମୁଁ ବଞ୍ଚିରହି ଦୁଃଖର ଜହର ପିଇ
ହଜାର ଥର ମରିବାଟା ଭଲ
ନା' ଆତ୍ମହତ୍ୟା ଅଟେ ଶ୍ରେୟସ୍କର ।
ରଖିପାରିବତ ରଖିପାର
ଦିନର ପ୍ରାୟୋଜିତ ଦୁଃସାହସ ଭିତରେ
ସବୁଦିନ ସଢ଼ୁଥିବା ରାତିର ଖବର
ଓ ପୁଣ୍ୟର ଆଁ ରେ ଭୋକିଲା ହେଉଥିବା
ଅରକ୍ଷିତ ଶବ୍ଦର ଅନ୍ଧାର ।

ଲଣ୍ଠନ

ଲକଡ଼ାଉନ୍ ବଢିବା କଥା ଶୁଣିବା ପରଠୁ
ମଦନା ଆଖିରେ ନିଦ ନାହିଁ ।

ତାକୁ ଲାଗୁଛି ଯେମିତି
ରାତିର ନୀରବତା ତାକୁ ବେଢ଼ି ଧରିଛି
ଚାରି ଦିଗେ ନୈରାଶ୍ୟର ଅନ୍ଧାର ଘେରିଛି
ପାଞ୍ଚଟି ଭୋକିଲା ପେଟର ନିରବ କ୍ରନ୍ଦନ
ତତଲା ନିଶ୍ୱାସ
ତା' ସମଗ୍ର ଶରୀରଟାକୁ ଅବସ କରିଦଉଛି

ଲାଗୁଛି ଯେମିତି କିଏ ଜଣେ ହସୁଛି
ଖୁବ୍ ଜୋରରେ ହସୁଛି
ତାର ଏଇ ଦୈନ୍ୟତାକୁ ଦେଖି
ଏ ଦାରିଦ୍ର୍ୟର ନିପୀଡ଼ନକୁ ତଚ୍ଛଲ୍ୟ କରି

କହୁଛି ଯେମିତି - ଏଇ ହିଁ ତୋର ନିୟତି ।

ଏମିତି କେତେ ଅଶରୀରୀ ନଶ୍ୱରତା ମଧ୍ୟରେ
ଧୀରେ ଧୀରେ ରାତି ଖୁବ ଗହନ ହୁଏ
ନିଶ୍ୱାସ ସବୁ ବତାସ ପରି
ମଦନର ବଳିଷ୍ଠ ଦେହଟାକୁ ଥରେଇବାରେ ଲାଗେ

ସେଇ ଅନ୍ଧାର ଭିତରେ ଲଣ୍ଠନଟି ଜଳି ଜଳି
ଶେଷରେ ଆତ୍ମାହୁତି ଦିଏ ।

ହେଲେ ମଦନା
ସେମିତି ମାଟି କାନ୍ଥରେ ଆଉଜେଇ ହୋଇ
ନୀରବରେ ବସିଥାଏ
ଠିକ୍ ଗୋଟେ ଇନ୍ଧନ ବିହୀନ ଲଣ୍ଠନ ପରି ।

ଅନ୍ୟ ଏକ ମୃତ୍ୟୁ

ମୃତ୍ୟୁକୁ ମୋର ଡର ନାହିଁ
ହୋ ସାଆନ୍ତେ !

ସେମିତି ବି
ମୋ ଆଶ୍ରିତମାନେ ଶୋଇଗଲେ
ଡିବିରି ଆଲୁଅରେ
ସେମାନଙ୍କ ଭୋକିଲା ପେଟ
ଆଉ ନିରସ ମୁହଁମାନଙ୍କୁ ଦେଖି

ବାରି ହୋଇ ପଡୁଥିବା ହାଡୁଆ
ଦେହର ହାଡ଼ ସବୁକୁ ଗଣି
ଲାଜ ଲୁଚୁ ନଥିବା ମୋ ରିମାର
ଚୀରା ଫର୍କଟାର ଅବ୍ୟକ୍ତ ଅଭିମାନକୁ
ଛାତିରେ ଜାକି

ପୁଣି ଡାକ୍ତର ହେବାର ସ୍ୱପ୍ନ ଦେଖୁଥିବା
ମୋ ଗଗନାର ଇଞ୍ଚେ ଭିତରକୁ ପସିଯାଇଥିବା
ନୈରାଶ୍ୟର ଆଖି ଯୋଡ଼ାକର
ପ୍ରଶ୍ନ ବାଣରେ କ୍ଷତାକ୍ତ ହୋଇ

ସେତେବେଳେ ହିଁ ମୁଁ ମରି ସାରିଥାଏ
ରାତିର ଘନ ଘୋର ଅନ୍ଧାର ଭିତରେ ।

ତୁମେ ବା ଆଉ କୋଉ ମୃତ୍ୟୁ କଥା କୁହ ଯେ ?
ସେ ମୃତ୍ୟୁ କ'ଣ ୟା'ଠୁ ବି
ଯନ୍ତ୍ରଣା ଦାୟକ ହୋଇପାରେ !

ବରଂ ସେ ମୃତ୍ୟୁରେ ମୁକ୍ତି ଥାଏ
ସବୁ ବନ୍ଧନରୁ
କିନ୍ତୁ ଏ ମୃତ୍ୟୁରେ ପ୍ରତିକ୍ଷଣ ଜଳିବାକୁ ପଡ଼େ
ପ୍ରାଣ ଥାଇ ବି ଶବ ପରି ବଞ୍ଚିବାକୁ ହୁଏ ।

ସେ ଲଢ଼େ

ସେ ତ ବୁଝେନା
କୋଉଟା ସ୍ୱପ୍ନ
ଆଉ କୋଉଟା ବାସ୍ତବତା
ଖାଲି ଯାହା ସେ ସ୍ୱପ୍ନ ବୁଣେ ।

ଫି' ଦିନ ପାହାନ୍ତା ପହଁରୁ
ନଙ୍ଗଳ ମୁନରେ ଧରିତ୍ରୀର ଧମନୀ ଚିରି
ଲାଗି ପଡ଼େ ସେ
ଘଟେଇବାକୁ ଶୀତଳ ଯୁଦ୍ଧ
ମାଟି, ପାଣି ଆଉ ପବନ ଭିତରେ ।

ସେ ମାଟିରେ ବଞ୍ଚେ, ମାଟିରେ ସଂଚେ
ବଞ୍ଚି ବଞ୍ଚେଇବାର ସାମର୍ଥ୍ୟ
ସେଇ ମାଟିରେ ପୁଣି ସେ
ମୁଠା ମୁଠା ସ୍ୱପ୍ନ ବୁଣେ ।

ଯୋଉଠି ଲୁଚି ରହିଥାଏ
କେତୋଟି ଭୋକିଲା ପେଟର ଭୋକ
ଅଣ୍ଟା ସଳଖି ଠିଆ ହେଇ ପାରୁ ନ ଥିବା
ତା' ମାଟି କୁଡ଼ିଆର ଭବିଷ୍ୟତ

ସେଇଥି ପାଇଁ ତ ସେ ନିଗାଡ଼ି ଦିଏ
ତା ହାଡ଼ ମାଂସର କଙ୍କାଳସାର ଶରୀରରୁ
ବିନ୍ଦୁ ବିନ୍ଦୁ ରକ୍ତ
ତା' ସ୍ୱପ୍ନମାନଙ୍କ ଉପରେ ।

ସେଇ ବତୁରା ସ୍ୱପ୍ନ ସବୁକୁ
ବାସ୍ତବର ରୂପ ଦେବାରେ
ମାଟି ସହ ନିଜକୁ ମାଟି କରି
ପାଣି ସହ ନିଜକୁ ଗୋଳେଇ
ପବନରେ ନିଜକୁ ମିଳେଇ
ଗ୍ରୀଷ୍ମର ପ୍ରଚଣ୍ଡ ଖରାରେ ପିଠି ଦେଖେଇ
ଶ୍ରାବଣର ଝଡ଼ି ବର୍ଷାରେ ନିଜକୁ ବତୁରେଇ
ମାଘର ହାଡ଼ ଭଙ୍ଗା ଶୀତରେ
ମୁକୁଳା ଦେହକୁ ବରଫ କରି

ସେ ଲଢେ !

କେବଳ ସେ ଲଢି ଚାଲେ
ତା' ବତୁରା ସ୍ୱପ୍ନ ସବୁର ସାର୍ଥକ ଆଶାରେ ।

ମୁକ୍ତି

ପ୍ରତିଦିନ ପାହାନ୍ତା ପହରୁ
ତାକୁ ବରାବର ନିଦରୁ ଉଠାନ୍ତି

କେଇଟା ଭୋକିଲା ପେଟର
ନିର୍ମମ ଭୋକମାନେ
ସେ ଦେଖି, ଦେଖେଇଥିବା
କେଇଟା ନିର୍ଜୀବ ସ୍ୱପ୍ନମାନେ
ଅନ୍ଧାରୀ ଇଲାକାରେ
ଜଡ଼ତା ଲଭୁଥିବା
କେତୋଟି ଅନିଶ୍ଚିତ ଭବିଷ୍ୟତମାନେ
ପୁଣି ବିବାହଯୋଗ୍ୟା ହେଇ ସାରିଥିବା
ଦୁଇ ଦୁଇଟି ବଢ଼ିଲା ଝିଅର
ଢଳି ଆସୁଥିବା ଯୌବନମାନେ

ସେଇଥି ପାଇଁ ତ ସେ ଉଠେ ।

ଘର, ପରିବାର ମୋହ ଛାଡ଼ି
ସେ ବାହାରି ପଡ଼େ
ରାମ ସାହୁ ଇଟାଭାଟି ଅଭିମୁଖେ
ସତେ କି କିଏ ତାକୁ ଡ଼ାକେ
ଭାରି ଗମ୍ଭୀର ସ୍ୱରରେ
ମାଟି ସହ ମାଟି ହେବା ପାଇଁ
ସେଇ ଭୋକିଲା ପେଟମାନଙ୍କୁ
ମୁଠେ ଦାନା ଦେବା ପାଇଁ
ନିର୍ଜୀବ ସ୍ୱପ୍ନମାନଙ୍କରେ
ଜୀବନ ସଂଚାର କରିବା ପାଇଁ
ବାହାଯୋଗ୍ୟା ଝିଅ ଦୁଇଟିର ପର୍ବତ ପରିମାପ
ବୋଝରୁ ମୁକ୍ତି ଆଶା ନେଇ

ସେ ଲଢ଼େ
ପ୍ରତିଥର ସେ ଲଢ଼ିଚାଲେ ।

ଦାଗ

ଆଖି ଆଗରେ ଉଜୁଡ଼ା ଫସଲ
ମୁଣ୍ଡ ଉପରେ ଦରଭଙ୍ଗା ଛପର
କାନରେ ରୁଗ୍ଣ ବାପାର
ଅର୍ଦ୍ଧଚିତ୍କାର
ଭାବନାରେ ବଢ଼ିଲା ଝିଅର ମୁହଁ
ଚେତନାରେ ମନୁଆର ଭବିଷ୍ୟତ
ପୁଣି ସବୁରି ଶେଷରେ
ରାନୁ ବୋଉର ଚିରା ପଣତ ।

ଏ ସବୁ ଉପାଦାନ କ'ଣ କମ୍ ।

ତା' ହାଡୁଆ ଛାତି ତଳେ
ମୁରବୀପଣ ସାବ୍ୟସ୍ତ କରି
ନିଜକୁ ଚାରି-ପାଞ୍ଚୋଟି ବେସାହାରା
ହୃଦୟ ଆଗରେ
ସାହସୀ କରି ଦେଖେଇ ହଉଥିବା
ନିରୀହ ହୃଦୟକୁ
କ୍ଷଣିକେ କରିଦେବାକୁ ଦୁର୍ବଳ ।

କୁହ କିଏ ଅଛି ଯେ
ଫଳେଇ ଦେବ ତା' ଜମିରେ ସୁନାଫସଲ
ସଜାଡ଼ି ଦେବ ତା' ଭଙ୍ଗା ଛପର
ବନ୍ଦ କରିପାରିବ ବୁଢା ବାପାର କରୁଣ ଚିତ୍କାର
ଓହ୍ଲେଇ ଦେବ ତା' କାନ୍ଧରୁ ବଢ଼ିଲା ଝିଅର ବୋଝ
ଗଢ଼ି ଦେବ ମନୁଆର ଭବିଷ୍ୟତ
କି ସିଲେଇ ଦେବ
ରାନୁ ବୋଉର ଚିରା ପଣତ ।

ସେଇଥି ପାଇଁ ତ
ସେ ଖୋଜେ
ବିଷ, ଦଉଡ଼ି, ଦା' ନ ହେଲେ କୋଦାଳ

ଯିଏ କରିପାରିବ ତାକୁ ମୁକ୍ତ
ସବୁ ଚିନ୍ତା ଆଉ ଦୁଃଚିନ୍ତାର ଅନ୍ତ ।

ଆଉ ଶେଷକୁ ସେ ବାଛି ନିଏ
ଆତ୍ମହତ୍ୟାର ପଥ

ସବୁ ସାହସକୁ ଏକାଠି କରି
ପିଇ ଦିଏ ବିଷ
ଲଗେଇ ଦିଏ ଦଉଡ଼ି
ନ ହେଲେ ସହିଯାଏ ଦା' କିମ୍ବା କୋଦାଳର
ଶକ୍ତ ଆଘାତ ।

ନୁଖୁରା ମାଟିରେ ବୁହେଇଦିଏ
ତା' ଦେହର ସବୁ ଟକ ଉଷୁମ ରକତ ।

ଏବେ ସବୁକିଛି ଶେଷ
ଏବେ ଆଉ ଶୁଭୁନି ତାକୁ କରୁଣ ଚିତ୍କାର
କି ଦିଶୁନାହିଁ ଯନ୍ତ୍ରଣାର ପାହାଡ଼ ।

ଖାଲି ଯାହା ରହି ଯାଇଛି ମାଟି ଉପରେ
ତା' କଞ୍ଚା ରକତର ଦାଗ ।

ଅଭିଶପ୍ତ

ଦେଖିନ ଯଦି ଆସ ଦେଖିବ
ହାଣ୍ଡିଏ ପାଣିରେ
କେମିତି ଫୁଟେ ପସିଏ ତଣ୍ଡୁଳ
ଆଉ ତାକୁ ଆଶ୍ରାକରି
ବସି ରହିଥିବା ଚାରୋଟି
ଭୋକିଲା ପେଟ ।

ସେ ପେଟ ସବୁରେ ପେଟେ ଭୋକ
କେମିତି ଭାଙ୍ଗେ ଧର୍ଯ୍ୟବନ୍ଧ
କେମିତି ଛିଣ୍ଡାଏ ସମ୍ପର୍କ ଡୋର
ଆଉ ଶେଷକୁ ବାଧ୍ୟ କରେ
ସଅଁପି ଦେବାକୁ ମୃତ୍ୟୁ ହାତରେ
ନିଜର ଅନ୍ତିମ ନିଶ୍ୱାସ ।

କୁହ କାହାକୁ ଆଉ ଆଶ୍ରାକରି
ବାହିଥାନ୍ତି ଜୀବନର ନାବ
ମୁଣ୍ଡରେ ତ କରଜର ବୋଝ
ଜମିରେ ମୋ ଉଜୁଡ଼ା ଫସଲ
କିଏ ଆଉ ଶୁଣନ୍ତା ମୋ ଦୁଃଖ ?

ଯେଉଁମାନଙ୍କର ଶୁଣିବାର ଥିଲା
ସେମାନେ ତ ଶୁଣିଲେନି
ଯେଉଁମାନଙ୍କର ବୁଝିବାର ଥିଲା
ସେମାନେ ତ ବୁଝିଲେ ନି

ଶେଷରେ ସେ ଏକା ହିଁ ତ
ମୋ ଅନ୍ତିମ ବିଶ୍ୱାସ ।

ଯାହାକୁ ନିଜର କରିନେଲେ
ନ ଥିବ ଭୋକ ନ ଥିବ ଦୁଃଖ
ମିଳିବ ତ ମୁକ୍ତି
ଏଇ ଅଭିଶପ୍ତ ଜୀବନରୁ ମୋର ।

ଆଉ ଗୋଟେ ପୃଥିବୀ

ମୋତେ ନିଃସ୍ୱାର୍ଥର ମୁଠାଏ ମାଟି ଦିଅ
ନିରହଂକାରର ଦଲକାଏ ପବନ ଦିଅ
ପ୍ରେମର ଆଞ୍ଜୁଳାଏ ପାଣି ଦିଅ
ବିଶ୍ୱାସର ଖପରାଏ ଅଗ୍ନି ଦିଅ

ମୁଁ ଗଢ଼ି ଦେବି ଆଉ ଗୋଟେ ପୃଥିବୀ
ତୋଳି ଦେବି ଆଉ ଗୋଟେ ଆକାଶ
ଖଞ୍ଜିଦେବି ସୂର୍ଯ୍ୟ, ଚନ୍ଦ୍ର, ତାରକା ଆଉ ନକ୍ଷତ୍ର ।

ଯେଉଁଠି କେବେ ଉଠିବ ନି
ସ୍ୱାର୍ଥର ଝଡ଼
ମାଡ଼ିବ ନି ଘୃଣାର ବନ୍ୟା କି ବିପର୍ଯ୍ୟାୟ

ଯହିଁ ଥିବ ସବୁରି ଛାତିରେ ପ୍ରେମ
ସବୁରି ଓଠରେ ହସ
ପୁଣି ଜାଳିଦେବି
ସବୁରି ହୃଦୟେ ବିଶ୍ୱାସର ଅଖଣ୍ଡ
ପୋତି ଦେବି ସବୁଠାରେ ସମ୍ପର୍କର ବରଗଛ ।

କୁହ ତୁମେ କ'ଣ ଦେଇପାରିବ ?
ମୋ ସଂସାଧନ ବସ୍ତୁ ଯେତେକ !

ତୋତେ ଫେରିବାକୁ ହେବ

ତୋ ଭିତରେ ସତୀତ୍ୱକୁ ଝୁଣି ଖାଇଲା ଭଳି
ପଶୁତ୍ୱଟେ ଲୁଚି ରହିଛି
ତୋ ଭିତରେ
ନାରୀତ୍ୱକୁ ଦେବୀତ୍ୱର ଆସନ ଦେଲା ଭଳି
ଦେବତ୍ୱଟେ ଲୁଚି ରହିଛି

କେବଳ ତୋତେ
ନିଜକୁ ଚିହ୍ନିବା ବାକି ଅଛି

ତୁ ପଶୁତ୍ୱରେ ଅନ୍ଧ ଘୃଣିତ ଦୁର୍ମତି
ନା ଦେବତ୍ୱରେ ସିଦ୍ଧ ମହାମନିସୀ ।

ତୋ ଭିତରେ ଯେତେ ଅନ୍ୟାୟୀ
ତୋ ବାହାରେ ସେତେ
ଅହରହ ଚେଷ୍ଟିତ ସେମାନେ
ତୋତେ ଝାମ୍ପି ନେବାକୁ ଅନ୍ୟାୟର
ଗୋଳିଆ ପାଣିକି ।

ତୋତେ ଗୋଡ଼ ସଳଖି ଚାଲିବାକୁ ହେବ
ଦୁନିଆର ପଙ୍କିଳ ଅୟନେ
ତୋତେ ସତର୍କ ହେବାକୁ ପଡ଼ିବ
ନିତିପ୍ରତି କ୍ଷଣେ
ସତ୍ୟକୁ ଆପଣେଇ ନେବାକୁ ହେବ
ମିଛ କୁହେଳିକାରୁ ନିଜକୁ ମୁକ୍ତ କରିବାକୁ ହେବ
ଯେତେ ସବୁ ମାୟାଜାଲ ଛିନ୍ନ କରିଦେଇ

ତୋତେ ଫେରିବାକୁ ହେବ ପୁଣିଥରେ
ସଂସାରର କ୍ରୁଦ୍ଧ ପଥ ଯେତେ ଛାଡ଼ି ଦେଇ
ଯହିଁ ଖାଲି ବଳି ପଡ଼େ
ନିରୀହର ଭରସା ଓ ବିଶ୍ୱାସ
ଶ୍ୱାସରୁଦ୍ଧ ହୁଏ ମାନବିକତା
ପୁଣି ଅଳ୍ପକେ ଛିଣ୍ଡିଯାଏ
ସ୍ନେହ, ପ୍ରେମ, ମମତାର ଡୋରି ।

ବତୁରା ସ୍ୱପ୍ନ

ସେ ତ ବୁଝେନା
କୋଉଟା ସ୍ୱପ୍ନ
ଆଉ କୋଉଟା ବାସ୍ତବତା
ଖାଲି ଯାହା ସେ
ସ୍ୱପ୍ନ ବୁଣେ
ବାସ୍ତବ ଆଉ ଅବାସ୍ତବର
ଫେଣ୍ଟାଫେଣ୍ଟିରେ ।

ଫି' ଦିନ ପାହାନ୍ତା ପହଁରୁ
ନଙ୍ଗଳ ମୁନରେ ଧରିତ୍ରୀକୁ ଚିରି
ଲାଗି ପଡ଼େ
ମାଟି, ପାଣି ଆଉ ପବନ ଭିତରେ
ଘଟେଇବାକୁ ଶୀତଳ ଯୁଦ୍ଧ ।

ପୁଣି ମୁଠା ମୁଠା ସ୍ୱପ୍ନ ବୁଣେ
କୋଉ ଏକ ବେସୁରା ଗୀତର ଧୂନ୍ ରେ
ଯୋଉଠି ଲୁଚି ରହିଥାଏ

କେତୋଟି ଭୋକିଲା ପେଟର ଭୋକ
ଅଣ୍ଟା ସଳଖି ଠିଆ ହେଇ ପାରୁ ନ ଥିବା
ତା' ମାଟି କୁଡ଼ିଆର ଆଗାମୀ ଭବିଷ୍ୟତ
ଭାରି ସ୍ପଷ୍ଟ ଭାବରେ ।

ସେଇଥି ପାଇଁ ତ
ସେଇ ବତୁରା ସ୍ୱପ୍ନ ସବୁକୁ
ବାସ୍ତବର ରୂପ ଦେବାରେ
ସେ ନିଗାଡ଼ି ଦିଏ
ତା'ର ପ୍ରତିଟି ବିନ୍ଦୁ ବିନ୍ଦୁ ରକ୍ତ
ତା' ସ୍ୱପ୍ନ ସବୁ ଉପରେ ।

ମାଟି ସହ ନିଜକୁ ମାଟି କରେ
ପାଣି ସହ ନିଜକୁ ଗୋଳେଇ ଦିଏ
ପବନରେ ନିଜକୁ ମିଳେଇ ଦିଏ
ଗ୍ରୀଷ୍ମର ପ୍ରଚଣ୍ଡ ଖରାରେ
ପିଠି ଦେଖେଇ ଦିଏ
ଶ୍ରାବଣର ଝଡ଼ି ବର୍ଷାରେ
ନିଜକୁ ବତୁରେଇ ଦିଏ
ମାଘର ହାଡ଼ ଭଙ୍ଗା ଶୀତରେ
ମୁକୁଳା ଦେହକୁ ବରଫ କରି

ସେ ଲଢେ
କେବଳ ସେ ଲଢି ଚାଲେ
ତା' ବତୁରା ସ୍ୱପ୍ନ ସବୁର
ସାର୍ଥକ ଆଶାରେ ।

ସ୍ୱପ୍ନ ସବୁ ମାଟି ହେବା ପରେ

ସ୍ୱପ୍ନ ସବୁ ମାଟି ହେବା ପରେ
ସେ ସବୁ କିଛି ବୁଝି ବି
ଅବୁଝା ସାଜେ
ସବୁ କିଛି ଶୁଣି ବି
ସ୍ଥାଣୁ ପାଲଟେ
ସବୁକିଛି ଦେଖି ବି
ନ ଦେଖିବାର ଅଭିନୟ କରେ
କାହିଁକି ନା
ସେଇ ତ ତା'ର ଶେଷ ଅବଲମ୍ବନ
ଚାରୋଟି ଦୁର୍ବଳ ଛାତି ଆଗରେ
ନିଜକୁ ସାହସୀ କରି
ଦେଖେଇ ହେବାରେ ।

କାହାକୁ କିଛି ନ କହି
ଆଖି ଲୁହ ସବୁକୁ ପିଇ ଯାଏ ପାଟିରେ
ଛାତି କୋହ ସବୁକୁ
କବର ଦେଇ ଛାତିରେ
ଅଣ୍ଟା ସଳଖି
ସେ ମାଟିମନସ୍କ ହୁଏ
ସୂରୁଜ ନ ଉଠୁଣୁ
ସେ ବିଲକୁ ଯାଏ
କାଳିଆ କସରାକୁ ସାହାରା କରି
ସେ ପୁଣି ଥରେ ସ୍ୱପ୍ନ ବୁଣେ
ଧରିତ୍ରୀର ଧମନୀକୁ ଚିରି
ଲଙ୍ଗଳ ମୁନରେ ।

ନିଇତି କାଦୁଅକୁ ତିଳକ କରି
ସେ ମାଖି ଚାଲେ
ଖରାକୁ ଖାତିର ନ କରି
ସେ ସିଝି ଚାଲେ
ଶୀତକୁ ଶରତ ଭାବି
ସେ ସଢି ଚାଲେ
ବର୍ଷାକୁ ବାନ୍ଧବ କରି
ସେ ଭିଜି ଚାଲେ
ସେଇ ସ୍ୱପ୍ନ ସବୁର
ଅନିର୍ଦ୍ଦିଷ୍ଟ ଭବିଷ୍ୟତର
ଆଶା ଆଉ ଆକାଂକ୍ଷାରେ ।

ମୁଁ ମରିଗଲା ପରେ

ମୁଁ ମରିଗଲା ପରେ ପ୍ରଥମ କରି ବୁହା ହୁଏ
ରାଜଧାନୀର ରାଜଦାଣ୍ଡକୁ
ଯେଉଁଠି ମୋ ପାଇଁ ରେଲି ଛୁଟେ
ହଜାର ହଜାର ଲୋକଙ୍କ ଗହଳି ହୁଏ
ରାଜଧାନୀର ରାଜ ରାସ୍ତାକୁ ଶେଯ କରି
ମୋତେ ଶୁଆଇ ଦିଆଯାଏ
ଦାମିକା ଧୋତିର ଘୋଡ଼ଣି ତଳେ ।

ମୋତେ ବାରମ୍ବାର ସଜାହୁଏ
କେତେ ସଜ ଆଉ ବାସି ଫୁଲର ମାଳରେ
ମୋତେ ବାରମ୍ବାର ଢଙ୍କା ହୁଏ
କେତେ ଧୋତି ଆଉ ଚଦର ଉହାଡ଼ରେ
ରାଜଧାନୀର ରାଜ ରାସ୍ତା ଭିଜେ
କେତେ ନେତା ମନ୍ତ୍ରୀଙ୍କ କୁମ୍ଭୀର କାନ୍ଦଣାରେ ।

ଆଉ ସେଥି ଭିତରେ
ହଜି ସାରିଥାଏ ମୁଁ ପୁଣି ଥରେ
ସେଇ ଜନାରଣ୍ୟ ଭିତରେ
ତା' ସାଙ୍ଗକୁ ହଜି ଯାଏ ମୋ ସାବି ବୋଉର କାନ୍ଦ
ଧିମେଇ ଯାଏ ମୋ ସାବିର ଅଭିମାନ
ଭାଙ୍ଗି ଯାଏ ମୋ ଗଗନାର ସୁନେଲି ସ୍ୱପ୍ନ ଯେତେ ।

ଖାଲି ଶୁଭେ ତ
ମୋ ନାଆର ଅସ୍ପଷ୍ଟ ନାରା ବାଜି
ମୋ ମୃତ୍ୟୁ ଆଳରେ ବୃଥା ନ୍ୟାୟ ଦାବୀ
ବିରୋଧୀ ଦଳର ନେତା
ଆଉ ମଦ-ମାଂସଖିଆ କର୍ମୀଙ୍କ ପାଟିରେ ।

ପୁଣି ପ୍ରଥମ ଥର ପାଇଁ
ମୋ ଫଟୋ ଉଠେ
ମୋ ନାଆରେ ଖବର ଛପେ
ଦୂରଦର୍ଶନରେ ଖବର ଆସେ
ନେତା ଠାରୁ ମନ୍ତ୍ରୀ ସମସ୍ତଙ୍କ ସୁଅ ଛୁଟେ
ରାଜଧାନୀ ବନ୍ଧ ଡକରା ହୁଏ
କେତେଦଳର ପତାକା ଉଡ଼େ
କେତେ ଲୋକଙ୍କ ଆସର ଜମେ
ଜିନ୍ଦାବାଦ୍ ଆଉ ମୁର୍ଦାବାଦର ସ୍ୱରରେ
ସହରଟା ଉଠେ ଆଉ ପଡ଼େ ।

ହେଲେ ମୋର ଅସ୍ତିତ୍ୱ
ସେମିତି ସଢୁଥାଏ, ଜଳୁଥାଏ, କାନ୍ଦୁଥାଏ
ଅତୃପ୍ତିର ନିଷ୍କର୍ଷରେ ।

ମୁଖା

ଏ ପୃଥିବୀର ଦିନ ସବୁ ଯଦି
କିଛିଦିନ ପାଇଁ ହୋଇଯାଆନ୍ତେ ରାତି,

ମୁଁ କରିନିଅନ୍ତି ସବୁତକ ପାପ ।

ଅଥଚ,
କେହି ଜାଣିପାରନ୍ତେ ନି ଯେ
ମୁଁ ଗୋଟେ ଦୁର୍ଦ୍ଦାନ୍ତ ପାପୀ ।

ମୋ ସୁପ୍ତ ପଶୁତ୍ୱକୁ ଜାଗ୍ରତ କରି
ଭଦ୍ର ମୁଖାର ଖୋଳପା ଖୋଲି
ଅନ୍ଧାର ସାଥିରେ ମିଳେଇ ଯାଆନ୍ତି ।

ପୁଣି ହାସଲ କରିନିଅନ୍ତି ଏକାଥରକେ
ପର ଧନ, ପର ନାରୀ
ଯୁବତୀ ଦେହର କଅଁଳ ମାଂସ
କଞ୍ଚା ରୁଧିର ।

ପୂର୍ଣ୍ଣ କରିନିଅନ୍ତି
ମୋ ଭିତରେ ବର୍ଷ ବର୍ଷ ଧରି
ଜମାଟ ବାନ୍ଧିଥିବା
ଅତୃପ୍ତ କାମନାର ଯେତେସବୁ ଅଭିଷ୍ଟ ।

ଆଉ ଯେବେ
ନବୀନ ଆଲୋକ ନେଇ ଆସିବ
ଗୋଟେ ନୂତନ ସକାଳ
ମୁଁ ସାଜି ସାରିଥିବି ଭଦ୍ର

ଧନ, ଜନ, ଐଶ୍ୱର୍ଯ୍ୟର ଅଧିପତି ହୋଇ
ଭଦ୍ର ମୁଖା ତଳେ
ମୋର ପାପକୁ ଲୁଚେଇ ।

ଜେଜୀ

ମୁହଁରେ ତା'ର ବୟସର ଦାଗ
ଦେଇ ସାରିଲାଣି ସମୟ ।

ଏବେ ଆଉ ସେ ଆଗ ଭଳି
ଧରାକୁ ସରାମଣୁନି
କି ଘରଟାରେ ନିଜର ମୁରବୀପଣ
ସାବ୍ୟସ୍ତ କରିପାରୁନି ।

ସମୟ ଯେତକ ଦେଇଥିଲା
ସେତକ ଏବେ ସେ ନେଇ ସାରିଲାଣି ।

ଏବେ ସେ ଆଉ ଆଗଭଳି ନାହିଁ
ତା' ଦେହର ମାଂସପେଶୀ ସବୁ
ଶଙ୍ଖୁଡ଼ି ଗଲାଣି
ମୁଣ୍ଡର ବାଳ ସବୁ ପାଚି ଗଲାଣି
ଠିକ୍ ରେ ଆଉ ସେ ଆଗଭଳି
ଚାଲିବି ପାରୁନି ।

ତଥାପି ଏଯାଏଁ ମରିନି ତା' ମନର ସରାଗ
ସମସ୍ତଙ୍କୁ ଆପଣେଇ ନେବାର
ଗୋଟେ ନିଆରା ନିରୁତା ଭାବ ।

ଆଜି ବି ତା' ହୃଦୟରେ ଭରପୁର
ସମୁଦ୍ରେ ସ୍ନେହ
ଆଉ ଆକାଶ ପରି ଅସୀମ ମମତ୍ୱ ।

ଆଉ କାହା ପାଇଁ
ସେ ହେଇପାରେ ଶୁନ୍ୟହସ୍ତ
ହେଲେ ମୋ ପାଇଁ
ସେ ଗୋଟେ ଅଯାଚିତ କଳ୍ପବୃକ୍ଷ
ଯିଏ ସବୁଥର ତା' ପଣତ ଉହାଡୁ
ବଢ଼େଇ ଦେଇଛି
ମୋ କଳ୍ପିତ ଇପ୍ସିତ ।

ଜେଜୀ ମୋ ପାଇଁ
ମୋ ହୃଦୟରେ ବିରାଜିତା
ସ୍ନେହ ଆଉ ମମତାର ଭିନ୍ନ ଏକ ଦେବୀ ରୂପ ।

ମୁଁ ରକ୍ତ ବିକେ

ମୁଁ ନିଜ ଶରୀରରୁ ରକ୍ତ ଦେଇ
ତୁମ ପାଇଁ ରକ୍ତ ତିଆରେ
ସେମାନଙ୍କ ଯତ୍ନ ନିଏ
ସେମାନଙ୍କୁ ହିଁ ଆଶ୍ରାକରି
ମୋ ଆଶ୍ରିତଙ୍କୁ ଆଶ୍ରା ଯୋଗାଏ
ଲାଜ ଢାଙ୍କେ, ପେଟ ପୋଷେ
ବଞ୍ଚିବାର ସ୍ୱପ୍ନଦେଖେ
ବଞ୍ଚେଇବାର ସାହସ କୁଳାଏ

ହେଲେ,
ତୁମେମାନେ ବୁଝି ପାରନା ମୋତେ ।

ମୁଁ ଠିକ୍ ଜାଣେ
ତୁମ ଆଖି କି ମୋ ସ୍ୱପ୍ନ ସବୁ ତୁଚ୍ଛ ଲାଗେ
ମୋ ରକ୍ତସବୁ ପାଣି ପାଲଟେ
ସେଇଥି ପାଇଁ ତ ବିଟ୍ ବଜାରରେ
ଯେବେ ମୁଁ
ତୁମ ପାଇଁ ବାଢିଦିଏ
ମୋ ମାସ ମାସ ଧରି ବଞ୍ଚେଇ ରଖିଥିବା
ରକ୍ତ ସବୁକୁ

ମୋ ସହ ତୁମ ମାନଙ୍କର ମୂଳଚାଲ୍ ହୁଏ
ପାଟି ଶୁଭେ, ଧମକ୍ ମିଳେ
ବାର ଜାଗାର ତେର ଦରଦାମ୍ ର କଥା ଉଠେ ।

ଶେଷରେ ଜାକି ହେଇ ଯାଏ
ମୋ ସ୍ୱପ୍ନ ସବୁ
ତୁମ ପାନ ଖିଆ ଲାଲ ପାଟିର
ଇଂରାଜୀ ମିଶା ଭଦ୍ର ଯୁକ୍ତିରେ

ତୁମ ଦାମିକା ଅତର ଲଗା ଚମଡ଼ା ବ୍ୟାଗ୍ ର
ଅନ୍ଧାରୀ ଇଲାକାରେ ।

ଆଉ ତୁମେ ଛଡ଼େଇ ନିଅ ମୋ'ଠୁ
ମୋ ବିନମ୍ର ପ୍ରତିରୋଧ ସତ୍ତ୍ୱେ
ମୋ ରକ୍ତ ସବୁକୁ
ଫିଙ୍ଗି ଦେଇ ମୋ ମୁହଁରେ
ଗାନ୍ଧୀ ଫଟୋ ଥିବା କାଗଜ ଖଣ୍ଡିଏ
ଦଳି ଦେଇ ମୋ ସ୍ୱପ୍ନମାନଙ୍କୁ
ତୁମ ଦାମୀ ଜୋତା ପିନ୍ଧା ମସୃଣ ପାଦରେ

ଆଉ ସେତେବେଳେ ମୁଁ ଠିକ ଦେଖିଛି
ଅଚାନକ ଫୁଟି ଉଠୁଥିବା
ସେ ଦୁର୍ଗ ଜୟର ସ୍ମିତ ହସ ତୁମରି ମୁହଁରେ ।

ହେଲେ ତୁମେ ବୁଝି ପାରନା
ମୁଁ ପରିବା ବିକେନି ରକ୍ତ ବିକେ ।

ନିଜ ସହ ସାମ୍ନା

ଆଜି ମୁଁ ନିଜେ ହିଁ ନିଜର
ବିଦ୍ରୋହୀ ହୋଇ ଛିଡ଼ା ହୋଇଛି
ଲଢ଼ିବାକୁ ନା ମୋ ସାମ୍ନାରେ
ଅଛି କୋଉ ପ୍ରତିପକ୍ଷ
ନା ଅଛି ରଣକ୍ଷେତ୍ର

ମାନସମନ୍ଥନରେ ହିଁ ମୋ ଯୁଦ୍ଧ,
ମୋ ମନ ସହିତ ମନର,
ମୋ ଚିନ୍ତା ସହିତ ଚିନ୍ତାର,

ମୋର ପ୍ରତିଟି ପଦକ୍ଷେପକୁ
ଶତଧିକ୍କାର କରୁଥିବା
ନିଜେ ହିଁ ନିଜର ବିରାଟବଡ଼ ଶତ୍ରୁଟିଏ ହୋଇ
ଛିଡ଼ାହୋଇଛି ଆଜି ମୁଁ

ଜୀବନର ରଣକ୍ଷେତ୍ରେ
ନିଜେ ହିଁ ନିଜର ପ୍ରତିପକ୍ଷ ହୋଇ
ନିଜକୁ ହିଁ ଆଜି କରୁଛି କ୍ଷତାକ୍ତ

ନିଜେ ହିଁ ହାଣୁଛି ନିଜର ଅଙ୍ଗ ପ୍ରତ୍ୟଙ୍ଗ

ନିଜ ହସ୍ତ ତରବାରୀ ଆଜି
ନିଜଠୁ ହିଁ ଝରାଏ ରକତ ।

ଦଂଶନ

କେତେ ଗୁଡ଼ିଏ ମିଛ ସମ୍ପର୍କର
ନାଗଫାଶ ବନ୍ଧନରେ ବନ୍ଦି ଆଜି ମୁଁ ।

ଯେଉଁଠି ପ୍ରତିଥର
ବିଷାକ୍ତ ହେଉଛି ମୋ ସର୍ବାଙ୍ଗ
ନିଶ୍ଚେତ ହେଉଛି ମୋ ଚୈତନ୍ୟ
ସେମାନଙ୍କର ଛଳନା, ପ୍ରତାରଣାର
ବିଷାକ୍ତ ଚୋଟରେ ।

ସେଇଥି ପାଇଁ ତ ନିସ୍ତେଜ ଆଜି ମୁଁ ।

ମୋ ଦେହ, ମନ, ଆତ୍ମା
ପ୍ରତ୍ୟେକର ଅଣୁ ଅଣୁରେ
ସେମାନେ ଉଦ୍ଗାରିଥିବା ବିଷ
ସେମାନେ ଦଂଶିଥିବା କ୍ଷତ ।

ଏବେ ବୃଥା ସବୁ ଝଡ଼ା, ଫୁଙ୍କା ବାହ୍ୟ ଉପଚାର
ନା ଏଠି କାମ କରୁଛି ଅରଖ,
କି ଦୁଦୁରାର କ୍ଷୀର ।

କେବଳ
ସଂଚରି ଚାଲିଛି ବିଷ ମୋ ସର୍ବାଙ୍ଗରେ
ମିଶି ଚାଲିଛି ମୋ ରକ୍ତରେ, ମୋ ମେଦରେ
ମୋ ଶରୀରର ହାଡ଼, ମାଂସ ତନ୍ତ୍ରୀ ତନ୍ତ୍ରୀରେ

ଏବେ ଏଇତ ବୋହିଲାଣି ମୋ ନାସାରୁ
ଖର ନିଶ୍ୱାସ ପ୍ରଶ୍ୱାସ ।

ଜାଣେ ମୃତ୍ୟୁ ଏବେ ସୁନିଶ୍ଚିତ ।

ତଥାପି ସଂଘର୍ଷ ମୋ ଅବ୍ୟାହତ
ଜୀବନର ସଂଜୀବନି ମନ୍ତ୍ର ପାଠେ
କାଳେ ମୁହିଁ ହୋଇବି ଜୀବିତ ।

ପୁନରପି ଦଂଶନ

ତୁମେମାନେ ଯେତେବେଳେ ଜାଣିଲ
ତୁମମାନଙ୍କର ବାରମ୍ବାର ଦଂଶନ ସତ୍ତ୍ୱେ ବି
ମୁଁ ଅକ୍ଷତ, ଅମୃତ

ତୁମେମାନେ, ପୁଣି ଦଂଶିବା ଆରମ୍ଭ କରିଦେଲ
ପୂର୍ବ ଅପେକ୍ଷା ଆହୁରି ଜୋରରେ
ଚୋଟ ଉପରେ ଚୋଟ ପକେଇ ଚାଲିଲ
ବିଷ ଉପରେ ବିଷ ଉଦ୍ଗାରି ଚାଲିଲ
ମୋ ଦେହରେ, ମନରେ
ଅନ୍ତଃ ଆଉ ବାହ୍ୟ ପ୍ରଦେଶରେ
ତୁମ ବିଷରେ ମୋତେ ବିଷାକ୍ତ କରିଚାଲିଲ

ତଥାପି ମୁଁ ମରି ନଥିଲି
ଯାହାଥିଲା ଏକାନ୍ତ କାମ୍ୟ ତୁମମାନଙ୍କର ।

ତୁମେମାନେ ମୋତେ ଦେଖି
ଶଂକାୟିତ ହେଉଥିଲ ସେତେବେଳେ
ଜାଣେ ମୋ ସଜୀବତ୍ୱ ତ
ତୁମମାନଙ୍କ କାମ୍ୟ ନୁହଁ କେବେ ।

ଯଦିଓ ଆଜି ତୁମ ମାନଙ୍କ ବିଷ ଜ୍ୱାଳରେ
ମୋ ରକ୍ତ ବିଷାକ୍ତ
ମୋ ମେଦ, ମାଂସ, ହାଡ଼
ମୋ ଶରୀରର ତନ୍ତ୍ରୀ ତନ୍ତ୍ରୀ ଶିଥିଳ

ତଥାପି, ତୁମମାନଙ୍କ ଦଂଶନରୁ ହିଁ
ମୋ ପାଇଁ ସୃଷ୍ଟି ହୁଏ ଅମୃତ ।

ହେ ମୋ ପରମ ଆତ୍ମୀୟମାନେ !
ତୁମେ ପାରୁପର୍ଯ୍ୟନ୍ତ ମୋତେ ଦଂଶ
ଦଂଶିଚାଲ
ତୁମ ଆୟୁଷ କାଳରେ ସଞ୍ଚିଥିବା
ସମସ୍ତ ବିଷ
ମୋ ଉପରେ ହିଁ ଉଦ୍ଗାରି ଦିଅ

ପ୍ରତିବନ୍ଧକ କିଛି ନାହିଁ,
ଚାହିଁବ ଯଦି କରିପାର କାମନା ମୋ ମୃତ୍ୟୁର
କିନ୍ତୁ ମୁଁ,
ତୁମେ ମୋ ପାଇଁ ସୃଜିଥିବା ନର୍କରୁ ହିଁ
ଯୋଗାଡ଼ି ନେବି ବଞ୍ଚିବାର ଚିରନ୍ତନ ପଥ

ତୁମ ବିଷରୁ ହିଁ ସନ୍ଧାନୀ ନେବି ଅମୃତ ।

ହିସାବ

ମୁଁ ନିଜେ ଗଢ଼ିଥିବା ସ୍ୱପ୍ନମାନେ
ନିଜ ନିଜ ଭିତରେ
ଯୁଦ୍ଧ ଘୋଷଣା କରନ୍ତି
ରହ ରହ କହୁକହୁ
ଆରମ୍ଭ ହୁଏ ଯୁଦ୍ଧ

ଦୁର୍ବଳ ସ୍ୱପ୍ନମାନେ
ଅଙ୍ଗହୀନ, କ୍ଷତବିକ୍ଷତ ହୋଇ
ମରି ପଡ଼ନ୍ତି କ୍ଷଣିକ ଭିତରେ ।

କିଛି ସମୟ ଅନ୍ତରେ
ହଠାତ୍‌ ଶୁଭେ 'ରାମ ନାମ ସତ୍ୟ ହେ'
କୋକେଇ ଉଠେ
ସମସ୍ତେ ଚିତ୍‌ ହୋଇ ନିଦ୍ରା ଯାଇଥିବା
ବହଳ ଅନ୍ଧାରେ

ସେତେବେଳେ
ମୃତକମାନେ ବୁହା ହୁଅନ୍ତି ମଶାଣି ଅଭିମୁଖେ
ବିଜୟୀ ସ୍ୱପ୍ନମାନଙ୍କର କାନ୍ଧରେ,
ଚିତା ସଜ ହୁଏ
ଚିତା ଜଳେ ଅଗ୍ନିର ସଂଯୋଗେ
ହୃଦୟର ମଶାଣି ଭୁଇଁରେ ।

ବିନିଦ୍ର ମୁଁ ଦେଖେ ସେମାନଙ୍କ ଆଖି
କେତେ ନାଲି, କେତେ ହଳଦିଆ
କେତେ ଦିଶେ ଧୂସର ଧୂସର
ପ୍ରାଣହୀନ ସଢ଼ା ଦେହ
ଜଳିବା ପୂର୍ବରୁ ତାଙ୍କ ମେଷ ଛୁଆ ମୁହଁ ।

ସବୁ କିଛି ଘଟିଚାଲେ
ସମୟ ତ ରଖେନା ହିସାବ
ଭଙ୍ଗା-ଗଢ଼ା, ଜନ୍ମ-ମୃତ୍ୟୁ
ସବୁ କିଛି ନିୟତିର ନିର୍ଦ୍ଦେଶ

ସବୁରି ଶେଷରେ ଖାଲି
ରହିଯାଏ ମୁଠାଏ ପାଉଁଶ
ତାକୁ ପୁଣି ଉଡ଼େଇ ଦିଏ ପବନର ସୁଅ

କିଏ କି ଆଉ ମନେରଖେ
ଏଠି ଦିନେ ହୋଇଥିଲା
ରକ୍ତପାତ, ସଢ଼ିଥିଲା ଶବ
ଜଳିଥିଲା ଚିତାଟେ କାହାର

ସମୟ ତ ରଖେନା ହିସାବ ।

ବିକଳାଙ୍ଗ

ଆଖି, ନାକ, କାନ, ପାଟି, ହାତ, ଗୋଡ଼, ପିଠି -
ସବୁକିଛି ଠିକ୍ ଥାଇ ବି ଯେ ଜଣେ
ବିକଳାଙ୍ଗ !

ନିଶ୍ଚୟ, କଥାଟା ଅସଙ୍ଗତ ହୋଇପାରେ
ତଥାପି ବେଳେବେଳେ ମଣିଷ ହୁଏ
ବିକଳାଙ୍ଗଠୁ ଆହୁରି ବିକଳ
କାହିଁକି ନା ତା'ର ବିକଳାଙ୍ଗ ପରି
ବଞ୍ଚିବାର ଅଭ୍ୟାସ ନ ଥାଏ ।

ସେ ଜାଣି ନ ଥାଏ
ବିକଳାଙ୍ଗ ହେଲେ କେମିତି
ବଞ୍ଚିବାକୁ ହୁଏ ?
ବାରମ୍ବାର ନିୟତି କେମିତି ଅଟ୍ଟହାସ କରେ,

ଅବଶ୍ୟ ଏ ଆକସ୍ମିକ ଦୁର୍ବିସହ ।

ଦିନେ ଯିଏ ଚିଲ ପରି ଦେଖିପାରୁଥିଲା
ନାଇ ସୁଆ ପରି କଥା କହି ପାରୁଥିଲା
ବିଜୁଳି ବେଗରେ ଚାଲିପାରୁଥିଲା
ହସୁଥିଲା, କାନ୍ଦୁଥିଲା,
ଅଭିମାନେ ଜଳୁଥିଲା ।

ସେ ଯେତେବେଳେ ହଠାତ୍
ନିର୍ବାକ୍ ନିସ୍ପନ୍ଦ
ପାଷାଣଟେ ପାଲଟିଯାଏ
ସତରେ କେଡ଼େ ଅକଳ୍ପନୀୟ !

ତଥାପି ମଣିଷ ବିକଳାଙ୍ଗ ହୁଏ ।

ମୁଁ ଦେଖିଛି ସେହି ମଣିଷର ବିକଳାଙ୍ଗତ୍ୱ
କେମିତି ସେ ଗୋଡ଼ ଥାଇ ଚାଲିପାରେ ନା
ଆଖି ଥାଇ ଦେଖିପାରେ ନା
ହାତ ଥାଇ ବି କାହାକୁ ଛୁଇଁପାରେ ନା
ପାଟି ଥାଇ ବି କାହାକୁ କିଛି କହିପାରେ ନା
ପିଠି ଥାଇ ବି କାହାର ବୋଝ
ସେ ପିଠେଇ ପାରେ ନା ।

ଆଃ.. କେଡ଼େ ଅସହାୟ ସେ !

କେବଳ ଜୀଇଁଥାଏ ନିଷ୍ପ୍ରାଣଟେ ହୋଇ
କେଉଁ ଏକ ସଢ଼ିବା ଆରମ୍ଭ କରିଥିବା
ପରିତ୍ୟକ୍ତ କାଠଗଣ୍ଡି ପରି ।

ମୋହମୁକ୍ତି

କେତେଦିନ ଆଉ ମୋ ଭିତରର
ନିରୀହ ସତ୍ତାଟିକୁ
ମୋ ବିଫଳତାମାନଙ୍କର
ଅନ୍ତିମତମ ଅପରାଧୀ ଭାବେ ବିବେଚନାକରି
ଅନ୍ଧକାର କୋଠରୀରେ ବନ୍ଧକରି ରଖିଥାନ୍ତି ?

ତା' ଇଚ୍ଛା ଅନିଚ୍ଛା ସବୁକୁ
ମୋ ଅପାରଗତାରୁ ଲବ୍ଧ ବିଫଳତାମାନଙ୍କ ଦାୟରେ
ପାଦତଳେ ନିଃଶେଷ କରୁଥିବି ?

ବାସ୍ ..! ବହୁତ ହେଲା
ଏବେ ତାକୁ ମୁକ୍ତ କରିଦେଲି ।

ତା'ର ଯା' ଇଚ୍ଛା କରିଯାଉ,
ଯେମିତି ଇଚ୍ଛା ଜୀଇଁଯାଉ,
ତାକୁ ବଞ୍ଚିବାକୁ ଛାଡ଼ିଦେଲି ନିଜ ଇଚ୍ଛାରେ
ଠିକ୍ ଭୁଲର ସୀମାରେଖା ସବୁ
ଅପସାରିତ କରିଦେଲି
ତା' ହାତରେ ଦେଇଦେଲି ତା'ପ୍ରାପ୍ୟ
ସମସ୍ତ ସ୍ୱାଧୀନତା
ଯେମିତି ଇଚ୍ଛା ସେ ଭୋଗକରୁ ।

କାହିଁକି ନା ମୁଁ ତାକୁ ଚିହ୍ନିଛି,
ଅନ୍ୟମାନଙ୍କଠାରୁ ଯଥେଷ୍ଟ ଭଲ ଭାବେ
ମୁଁ ତାକୁ ଚିହ୍ନିଛି ।

ସେଇଥିପାଇଁ ତ
ଏବେ ତାକୁ ମୁକ୍ତ କରିଦେଇଛି,
ମୋ'ଠାରୁ, ସମାଜଠାରୁ, ତାକୁ ବନ୍ଦୀ କରିଥିବା
ସେ ଅନ୍ଧକାର କୋଠରୀ ଭିତରର
ଅଜଣା ଅଚିହ୍ନା ନିୟାମକମାନଙ୍କଠାରୁ
ଯେଉଁମାନଙ୍କୁ ସେ କେବେ ଦେଖି ନାହିଁ
କି ଚିହ୍ନି ନାହିଁ,
ନା କେବେ ଦେଖିବାର ଅବା
ଚିହ୍ନିବାର ଅବକାଶ ଅଛି ।

ସେତେବେଳକୁ

ସବୁଦିନ ପରି, ଆଜିର ଏ ରାତି
କିନ୍ତୁ କାଇଁ ଏ ରାତିଟା
ଲାଗେ ମୋତେ
ସର୍ବଭୂକ୍ ରାକ୍ଷସଟେ ପରି

ଘନ ଘୋର ଅନ୍ଧାରରେ ଦେହ ତା' ଲୁଚାଇ
ଅଜାଣତେ ଗ୍ରାସେ ମୋତେ
ବିନା କ୍ଷତେ, ବିନା ରକ୍ତଶ୍ରାବେ
ହୃଦୟେ ଯନ୍ତ୍ରଣା ଭରି
କଲବଲ କରେ
ବିନା ସ୍ପର୍ଶେ, ବିନା ଅସ୍ତ୍ରାଘାତେ
ରକ୍ତ ଶୋଷେ

ମୋ ଦେହରୁ ତା' ନଖରେ ମାଂସ ଟାଣେ
ସର୍ବାଙ୍ଗ ଶରୀର ମୋର
ରକ୍ତସିକ୍ତ ହୁଏ ସେଇ କ୍ଷଣିକ ଭିତରେ ।

ମୁଁ ଠିକ୍ ମରିଯିବି ବୋଲି
ଯେତେବେଳେ ଅନୁଭବ ହୁଏ
ସେଇ ଅବସ୍ଥାରେ
ମୋତେ ଫିଙ୍ଗିଦେଇ ଚାଲିଯାଏ
କେଉଁ ଏକ ଜ୍ଞାତ ଅବା ଅବଜ୍ଞାତ
ମୁହାଣ ସେ ପାରେ

ସେତିକି ବେଳେ ନା ମୁଁ ମରିପାରେ
ଅବା ମୋର ବଞ୍ଚିବାର ସାମର୍ଥ୍ୟ କି ଥାଏ ?

ମୋ ଦେହ ସଢ଼ିବା ଆରମ୍ଭ କରେ
ମୋ କ୍ଷତରୁ ନିସୃତ ରକ୍ତମାନେ
ଜମାଟ ବାନ୍ଧିବା ଆରମ୍ଭ କରନ୍ତି
ହଠାତ୍ ସର୍ବାଙ୍ଗ ଦେହଟା ମୋର
ପଙ୍ଗୁ, ଅଥର୍ବ ପରି ବୋଧହୁଏ ।

ଯେତେବେଳେ ରାତି ବିଦାୟ ନେଇ
ନୂଆ ସକାଳଟେ ଆସି
ମୋ ଘର ସାମ୍ନାରେ ଛିଡ଼ାହୋଇ
କବାଟ ଠକ୍ ଠକ୍ କରେ

କବାଟ ଖୋଲିବାକୁ
ମୋର ଆଉ ସାମର୍ଥ୍ୟ କି ଥାଏ ?

ଆତ୍ମଦାହ

କେବେ କାହାକୁ ବିନା ନିଆଁରେ
ଜଳିବା ଦେଖିଛ ?

କେଡ଼େ ଅସମ୍ଭବ ନା !

କିନ୍ତୁ ମୁଁ ଜଳେ,
ସେମିତି ବିନା ନିଆଁରେ
ଅଣନିଶ୍ୱାସୀ ହୁଏ ବିନା ଧୂଆଁରେ
ମୋ ଶରୀରର
ହାଡ଼, ମାଂସ, ରକ୍ତ, ମେଦ
ସବୁକିଛି ହଠାତ୍ ସିଝିବା ଆରମ୍ଭ ହୁଏ
ତଦ୍ ପରାନ୍ତେ ମୁଁ ପୋଡ଼ି ପାଉଁଶରେ
ରୂପାୟିତ ହୋଇଯାଏ ।

ଏମିତି ପର୍ଯ୍ୟାୟକ୍ରମେ ମୁଁ
ତୁମ ଆଖି ସାମ୍ନାରେ
ନିଃଶେଷ ହୋଇଯିବି ମୁହୂର୍ତ୍ତକ ମଧ୍ୟରେ
ଅଥଚ,
ତୁମେ ସ୍ଥାଣୁ ପରି ଠିଆ ହୋଇଥିବ
ଦ୍ୱନ୍ଦ୍ୱ ଆଉ ସନ୍ଦେହର ମୁହାଣ ସେପାରେ ।

ହୁଏ ତ ତୁମ ହୃଦୟେ
ଏ ପ୍ରକାର ପରିକଳ୍ପନା କେବେ
ଆସିଥାଇ ନ ପାରେ
ଅବଶ୍ୟ ନ ଆସିବା ବି ସ୍ୱାଭାବିକ

କିନ୍ତୁ ଏମିତି ବି ହୁଏ
ଜଣେ ବିନା ନିଆଁରେ ବି ଜଳି
ପାଉଁଶ ହୋଇଯାଇପାରେ
ଅଥଚ, କେହି ଜାଣିପାରନ୍ତି ନି ସହଜରେ

କିନ୍ତୁ ସେ ଜଳେ,
ନିଆଁଠୁ ଆହୁରି ବେଶୀ ଉତ୍ତାପରେ ।

କାନଭାସରେ ଜୀବନ

ପ୍ରେମ ଆଉ ପ୍ରତିଶ୍ରୁତିରେ
ଜୀଇଁ ହୁଏନି ଜୀବନ ।
ଅନାମ !

ଏ ଜୀବନ ତ ଦିନକ ପାଇଁ ନୁହେଁ ଯେ
ମୁନ୍ଦିଏ ପାଣି ପିଇ ସହିଯିବ
ଦିନକର ଭୋକ;
କି ରାତିକ ପାଇଁ ନୁହେଁ ଯେ
ଆକାଶକୁ ଛାତ କରି
କୋଉ ଏକ ରାସ୍ତାକଡ଼ ଫୁଟପାଥରେ
ପୁହେଇ ଦେବ ରାତିକର ନିଦ ।

ଅନାମ ! ଏଠି ଲଢ଼ିବାକୁ ହୁଏ
ଏଠି ଗଢିବାକୁ ହୁଏ
ସ୍ୱପ୍ନ ଆଉ ସମ୍ଭାବନାର ଶୌଧ ।

ନ ହେଲେ ଏ ଦୁନିଆ
ଦେବନି କେବେ ବଞ୍ଚିବାର ଅଧିକାର ।

ଆଉ ହଁ, ଏଠି ସବୁକିଛି ଭୁଲି
ଆମକୁ ଦୌଡ଼ିବାକୁ ହେବ
ଆମ ସ୍ୱପ୍ନମାନଙ୍କ ସାଥିରେ
ଲକ୍ଷ୍ୟମାନଙ୍କ ପଛରେ ।

ପୁଣି
ମାଖିବାକୁ ପଡ଼ିବ ବଦନାମର କଳଙ୍କ
ପିଇବାକୁ ହେବ
ଯାତନା ଆଉ ଯନ୍ତ୍ରଣାର ମନ୍ଥୁରା ଗରଳ ।

ଆଉ ଜାଣିଛ, ସବୁକିଛି ପରେ ବି
ଧୈର୍ଯ୍ୟ ଧରି ଚାଲିବାକୁ ହେବ
ପଡ଼ି ପୁଣି ଉଠିବାକୁ ହେବ

ଥିବା ଯାଏଁ ଶରୀରରେ ଅନ୍ତିମ ନିଶ୍ୱାସ ।

କହ ଅନାମ,
ତୁ କ'ଣ ଗଢ଼ି ପାରିବୁ?
ତୁ କ'ଣ ଚାଲି ପାରିବୁ?
ତୁ କ'ଣ ମାଖି ପାରିବୁ?
ତୁ କ'ଣ ପିଇ ପାରିବୁ?

ମଗ୍ନମାଟି

ରାତିର ଉନ୍ମୁକ୍ତ ଛାତିରେ
ନିଜକୁ ତିଳ ତିଳ କରି ଜାଳୁଥିବା
ଷ୍ଟ୍ରିଟ୍ ଲାଇଟ ପରି
ଜଳୁଥାଏ ମନୁଆର ଜୀବନ ।

ନା ଅଛି ତା'ର ଜୀବନରେ ଲୋଭ
ନା ଅଛି ବଞ୍ଚିବାର ମୋହ ।

ନିଇତି ଆଶା ଆକାଂକ୍ଷାର ତଣ୍ଟି ଚିପି
ନିଜକୁ ଖିନଭିନ କରି ଝୁଣି ଖାଏ ସେ
ସବୁଦିନ ପରି
କାଳିଆ କସରାକୁ ସାଙ୍ଗରେ ନେଇ
ସେମିତି ଛିଡ଼ାହୁଏ
ପୁଙ୍ଗୁଳା ଛାତିକୁ
ଖରା, ବର୍ଷା, ଶୀତ, ବସନ୍ତ ଆଗରେ
ପତେଇ ଦେଇ
ତା' ସ୍ୱପ୍ନ ବୁଣୁଥିବା ନୁଖୁରା ମାଟିରେ ।

ବେଲଗାମ ସେ ଚଷିଚାଲେ
ମାଟି, ପାଣି, ପବନ ସାଥିରେ
ନିତି ନିତି ଶୀତଳ ଯୁଦ୍ଧ ରଚେ

ସେ ଶସ୍ୟ ନ ବୁଣି ସ୍ୱପ୍ନ ବୁଣେ
ସାର ନ ଛିଞ୍ଚି ଶରୀରରୁ ରକ୍ତ ଛିଞ୍ଚେ
ଫସଲ ନ ଫଳେଇ
ସେ ସ୍ୱପ୍ନ ଫଳାଏ ।

ନିଜଠୁ ବଳି ସେମାନଙ୍କର ଯତ୍ନ ନିଏ
ସେମାନଙ୍କ ସହ ହସେ କାନ୍ଦେ
ପୁଣି ଲୁହ ଲହୁର ସମ୍ପର୍କ ଗଢ଼େ ।

ଆଉ ଯେତେବେଳେ
ତା' ଆଖି ଆଗରେ ସେସବୁ ଉଜୁଡ଼ି ଯାଏ
କୁହ
ସେ କି ବଞ୍ଚିପାରିବ
ତା' ଉଜୁଡ଼ା ସ୍ୱପ୍ନର ମଗ୍ନମାଟିରେ ।

www.ingramcontent.com/pod-product-compliance
Lightning Source LLC
LaVergne TN
LVHW041537070526
838199LV00046B/1706
* 9 7 8 9 3 9 5 3 7 4 7 9 8 *